Hans-Arved Willberg
Die seelsorgerliche Bedeutung des Jakobusbriefs
Biblisch-psychologische Auslegung

Der Autor:

Hans-Arved Willberg; Jahrgang 1955, Theologe M.Th. Er leitet das Institut für Seelsorgeausbildung (ISA) in Ettlingen und ist selbstständig als Trainer, Dozent und Publizist tätig.

Websites:
www.willberg-karlsruhe.de
www. life-consult.ort
www. isa-institut.de

E-Mail: willberg@isa-institut.de

Hans-Arved Willberg

Die seelsorgerliche Bedeutung des Jakobusbriefs
Biblisch-psychologische Auslegung

Lehrbücher aus dem
Institut für Seelsorgeausbildung (ISA)

Band 4

Lehrbücher aus dem Institut für Seelsorgeausbildung (ISA)
Band 4

Bibliografische Information der Deutschen Nationalbibliothek: Die Deutsche Nationalbibliothek verzeichnet diese Publikation in der Deutschen Nationalbibliografie; de-
taillierte bibliografische Daten sind im Internet über
dnb.d-nb.de abrufbar.

ISBN: 978-3-7357-2432-8

Bibelzitate aus Lutherübersetzung, rev. Text 1984,
© Deutsche Bibelgesellschaft Stuttgart 1999

© 2014 Institut für Seelsorgeausbildung (ISA),
Pforzheimer Str. 186, 76275 Ettlingen.
www.isa-institut.de

Herstellung und Verlag: Books on Demand GmbH, Norderstedt.

Inhaltsverzeichnis

Einleitung

1. Der Weg des Jakobus

1.1. Biografische Einzelheiten[1]

Jakobus kannte Jesus sehr gut: Er war sein leiblicher Bruder.[2] Weiter ist Folgendes ist über ihn bekannt:

Datie-rung	Ereignis	Erläuterungen
ca. 29 n. Chr.[3]	Die Brüder Jesu gingen ein Stück des Weges mit ihm. Joh 2,12. - Aber dann distanzierten sie sich von ihm: „Auch seine Brüder glaubten nicht an ihn." Joh 7,5. Jakobus war wohl der älteste Bruder. Er scheint verheiratet gewesen zu sein.[4]	Jesus grenzt sich von seinen leiblichen Geschwistern ab: Als sie ihn aufsuchen, um mit ihm zu reden (wahrscheinlich, um ihn zurechtzuweisen), lässt er sie nicht zu sich kommen und bezeichnet an ihrer Stelle als seine Geschwister die Menschen, die sein Wort hören. Mt 12,46-50. - Vom Kreuz aus verbindet er seine Mutter Maria nicht mit seinen Brüdern, sondern mit dem Jünger Johannes. Joh 19, 26f. - Das könnte damit zu tun haben, dass die Brüder Jesu vielleicht aus einer ersten Ehe Josefs stammten und darum nur wenig Verantwortungsbewusstsein ihrer Stiefmutter gegenüber hatten. In diesem Fall wären sie alle auch „große" Brüder Jesu und Jakobus nach Joseph der Älteste in der ganzen Familie.

[1] Merrill C. Tenney, *Die Welt des Neuen Testaments* (Verlag der Francke-Buchhandlung: Marburg a.d.L., 1979), 286f; Fritz Grünzweig, *Der Brief des Jakobus*, Wuppertaler Studienbibel, Reihe NT, 4. Aufl. (R. Brockhaus: Wuppertal, 1980) und andere Quellen.

[2] Mk 6,3: „Ist er nicht der Zimmermann, Marias Sohn, und der Bruder des Jakobus und Joses und Judas und Simon? Sind nicht auch seine Schwestern hier bei uns?" So auch Mt 13,55f. - „Es herrscht [...] weite Übereinstimmung darüber, daß [...] der erwähnte Jakobus der Herrenbruder Jakobus sein muß". John A.T. Robinson, *Wann entstand das Neue Testament?* aus d. Engl. übertr. v. J. Madey (Bonifatius-Druckerei, R. Brockhaus: Paderborn, Wuppertal, 1986), 138. Ähnlich auch Peter Stuhlmacher, *Biblische Theologie des Neuen Testaments: Von der Paulusschule bis zur Johannesoffenbarung*, Bd. 2 (Vandenhoeck & Ruprecht: Göttingen, 1999), 59f. - Vgl. die einleuchtenden Begründungen bei Robinson, a.a.O., 138ff sowie bei Gerhard Maier, *Der Brief des Jakobus*, Historisch Theologische Auslegung (HTA), Neues Testament, Hg. G. Maier, R. Riesner, H.W. Neudorfer et al. (R. Brockhaus, Brunnen: Wuppertal, Giessen, 2004), 33ff.

ca. 30 n. Chr.	Jakobus wird Zeuge der Auferstehung Jesu. 1Kor 15,7.	Spätestens dadurch kam er zweifellos zum Glauben an Jesus. Danach gehört Jakobus zur der auf das Pfingstereignis wartenden Jüngergemeinde. Apg 1,14.
ca. 45 n. Chr.	Jakobus übernimmt (sukzessive) die Leitung der Gemeinde in Jerusalem.	Petrus, bis dato Kopf der Jerusalemer Gemeinde, geht vorübergehend in den Untergrund. Jakobus ist anscheinend nach ihm dort in der Gemeinde die Hauptfigur. Apg 12,17.
ca. 46 n. Chr.	Offensichtlich aufgrund ernsthafter Einwände an seiner Evangelisationsarbeit unter den Heiden sucht Paulus Jakobus und Petrus auf, die „Säulen" der Jerusalemer Muttergemeinde und der gesamten jungen Kirche, um sich in der Frage der Heidenmission mit ihnen abzusprechen. Gal 2,1-10.	Paulus unterscheidet Jakobus in diesem Zusammenhang ausdrücklich von „einigen falschen Brüdern", durch welche die „Wahrheit des Evangeliums" gefährdet gewesen sei. Jakobus und die Ältesten der jüdisch-christlichen Jerusalemer Gemeinde bekräftigen durch Handschlag die paulinische Mission ohne irgendeine Auflage. Gal 2,1-10.
ca. 47 n. Chr.	Abgesandte des Jakobus suchen Paulus in Antiochia auf, anscheinend um angesichts der blühenden Heidenmission dort nach dem Rechten zu sehen. Gal 2,12.	Als die Abgesandten eingetroffen sind, kommt es zu einer Auseinandersetzung zwischen Paulus und Petrus, welcher zuvor dort angekommen ist. Paulus macht Petrus Vorhaltungen, weil dieser aus Angst vor der Kritik der Delegierten einer Begegnung mit ihnen aus dem Weg gegangen ist. Gal 2,11-13.

---

[3] Zur Chronologie vgl. u.a. ebenfalls Tenney, a.a.O., sowie Frederick F. Bruce, *Zeitgeschichte des Neuen Testaments, Teil I: Von Babylon bis Golgatha, Teil II: Von Jerusalem bis Rom,* deutsch v. G. Raabe, Theologische Verlagsgemeinschaft (TVG) (R. Brockhaus: Wuppertal, 1986), Teil II; Gerhard Kroll, *Auf den Spuren Jesu* (Verlag Katholisches Bibelwerk: Stuttgart, 1978), 567-569; nicht zuletzt auch die exzellenten Beiträge von Ludwig Schneller zur neutestamentlichen Chronologie, vgl. u.a. Ludwig Schneller, *Kennst du IHN? Jesusgeschichten, erzählt von einem Sohn des Heiligen Landes,* 4., bearb. v. O.S. v. Bibra, überarb. u. gekürzte Aufl. (Schriftenmissions-Verlag: Gladbeck, 1983).

[4] F. Grünzweig, a.a.O., 266.

ca. 48 n. Chr.	Das „Apostelkonzil" in Jerusalem. Apg 15,1-35.	Wieder haben Mitglieder der judäischen Christengemeinde die Gemeinde in Antiochia aufgesucht, die aber dieses Mal nicht als von Jakobus Gesandte bezeichnet werden. Sie lehrten die Heilsnotwendigkeit der Beschneidung. Nachdem es zu einer heftigen Auseinandersetzung mit Paulus und Barnabas gekommen war, wurde zur Klärung eine Versammlung in Jerusalem einberufen. Einige Gemeindemitglieder forderten, dass jeder neue Christ zu beschneiden sei und das mosaische Gesetz zu halten habe. Petrus hält eine mutige Predigt dagegen. Jakobus ergreift abschließend ebenfalls *für* die Paulusrichtung Partei. Ein verbindliches Dekret für die Gemeinde in Antiochia wird verfasst, das den judaistischen Lehrern die Legitimation abspricht und den Heidenchristen „weiter keine Last" auferlegt. Allerdings nicht ohne Kompromiss: Jakobus verfügt, dass sie sich „vom Götzenopfer und vom Blut und vom Erstickten und von Unzucht" fernhalten sollten.[5]
ca. 57 n. Chr.	Paulus sucht erneut Jakobus in Jerusalem auf und überbringt ihm den Ertrag seiner Geldsammlung für die notleidende Gemeinde dort. Apg 21,18ff.	Jakobus teilt mit Paulus die Freude über Gottes Wirken unter den Heiden und bestätigt nochmals den Beschluss des Apostelkonzils. Dann klärt er mit Paulus das Gerücht, dass dieser unter den Juden die Abkehr von Mose und den Verzicht auf die Beschneidung lehre. Als Demonstration der Tatsache, dass es nicht so ist, kommt Paulus der Bitte des Jakobus nach, mit einigen anderen jüdischen Gemeindegliedern an einem Tempelritual teilzunehmen und dafür die Kosten zu übernehmen. Sein Verhalten wird aber von der anwesenden Menge völlig missverstanden und es kommt zur Verhaftung des Paulus. Apg 21,18ff.
62 n. Chr.	Jakobus wird in Jerusalem verurteilt und durch Steinigung hingerichtet.	

Es wird berichtet, dass Jakobus einen gewissenhaft gesetzestreuen jüdischen Lebensstil gepflegt habe.[6] Jakobus galt anscheinend in Jerusalem auch unter nichtchristlichen gesetzesstrengen pharisäischen Juden als tadelloses Vorbild. Aber die Gegenpartei der Sadduzäer lehnte ihn

---

[5] „Diese Weisungen des Aposteldekrets entsprechen den [...] Mindestgeboten, die nach Lev 17 u. 18 einem in Israel lebenden 'Fremdling' auferlegt waren". Peter Stuhlmacher, *Biblische Theologie des Neuen Testaments*, Bd. 1, *Grundlegung: Von Jesus zu Paulus*, 2., durchges. Aufl. (Vandenhoeck & Ruprecht: Göttingen, 1997), 385.

[6] F. Grünzweig, a.a.O., 19.

ab.[7] Der Hohepriester Hannas (Ananus) junior, dem zeitgenössischen römischen Historiker Josephus zufolge ein Sadduzäer „von heftiger und verwegener Gemütsart" und „im Gerichte härter und liebloser als alle anderen Juden",[8] nutzte die gerade wechselnde Besetzung des römischen Statthalterpostens als Gelegenheit zur rechtswidrigen Verurteilung und Steinigung des Jakobus.

> „Das aber erbitterte auch die eifrigsten Beobachter des Gesetzes, und sie schickten deshalb insgeheim Abgeordnete an den König[9] mit der Bitte, den Ananus aufzufordern, dass er für die Folge sich ein ähnliches Unterfangen nicht mehr beifallen lasse, wie er auch jetzt durchaus im Unrecht gewesen sei."[10]

Auch der neue Statthalter Albinus ärgerte sich über die juristische Anmaßung des Hohenpriesters, was dazu führte, dass dieser nach insgesamt nur drei Monaten seines Amts enthoben wurde.[11]

1.2. Gescheiterte Vermittlungsversuche

Das Evangelium ging von den Juden aus und verbreitete sich zunächst auch nur unter ihnen. Dass es auch für die Heiden bestimmt war und dass diese nicht der traditionell jüdischen Religion beitreten mussten, um vollgültige

---

[7] „Während pharisäische Kreise in Jakobus einen Gerechten [...] gesehen haben [...], hat die sadduzäische Mehrheit im Synhedrium seine Position nicht als echt jüdisch anerkannt." P. Stuhlmacher, a.a.O., Bd. 2, 62.

[8] Flavius Josephus, *Jüdische Altertümer*, übersetzt u. mit einer Einleitung versehen v. H. Clementz, Bd. 1, 6. Aufl. (Fourier: Wiesbaden, 1985), 666f.

[9] Agrippa II.

[10] F. Josephus, a.a.O., 667.

[11] Ebd.

Glieder des Leibes Christi zu werden, dämmerte selbst den Aposteln nur langsam.[12] Es war völlig natürlich, dass in diesem Übergang Unsicherheit und Spannung auftrat. Jakobus scheint sich angesichts der schwierigen Lage vorbildlich verhalten haben. Es gibt im Neuen Testament jedenfalls keinen Hinweis auf Gegenteiliges. Dass Petrus und andere beim Besuch der Gesandtschaft in Antiochia Angst bekamen und einer Begegnung mit ihr auswichen, lag anscheinend nicht an Jakobus.[13] Vielleicht ist es aber ein Hinweis darauf, dass auch Jakobus in Jerusalem keinen leichten Stand hatte. Petrus, vormals selbst Leiter der Jerusalemer Gemeinde, war zunächst dorthin zurückgekehrt, nun aber nach Antiochien gezogen. Warum? Und warum hatte er solche Angst vor jenen Abgeordneten? Er muss sie doch gut gekannt haben! Wahrscheinlich hatte er Angst, *weil* er sie kannte. Mithin mag das allmähliche Verschwinden des Petrus aus der Leitungsverantwortung in Jerusalem noch einen anderen Grund als den der Lebensgefahr[14] gehabt haben: Die Bekehrung des ersten Heiden, Kornelius, wozu Petrus von Gott nahezu gezwungen wurde,[15] scheint einigen einflussreichen Gemeindegliedern in Jerusalem ein erheblicher Stein des Anstoßes gewesen zu sein.[16]

Auffällig ist auch, dass die Judaistengruppe, die nur ein paar Monate später erneut nach Antiochia kommt, offensichtlich *nicht* von Jakobus legitimiert ist. Dementsprechend ist auch ihr Anspruch: Sie möchte etwas durchset-

---

[12] Vgl. insbesondere Apg 10.

[13] „[I]n der Apostelgeschichte erscheint sein Verhalten zweifellos nicht als das eines Gegners. Er bemühte sich sehr, alle Mißverständnisse zu beseitigen, welche die Juden etwa hinsichtlich der wahren Haltung von Paulus haben könnten." M.C. Tenney, a.a.O., 287.

[14] Unter Lebensgefahr standen sie alle. Vgl. Apg 12,1-3.

[15] Apg 10. - Das Verhalten des Petrus erinnert dort ein wenig an Jonas Widerwillen, nach Ninive zu gehen.

[16] Vgl. Apg 11,1ff; 15,14.

zen, was den bisherigen Vereinbarungen der Leitungsver-
antwortlichen völlig entgegengesetzt ist: Die Verpflich-
tung, dass sich neue Christen beschneiden lassen und das
mosaische Gesetz halten. Das ist nicht nur ein Frontalan-
griff gegen Paulus, sondern auch ein ganz offensichtlicher Affront gegen Jakobus! War er im Begriff, seine Autorität zu verlieren? Möglicherweise ist das Zustande-
kommen des Jakobusbriefs nicht zuletzt von diesem Hintergrund her zu verstehen. Jakobus sah sich genötigt, sozusagen mittels „Hirtenbrief" ein öffentliches Signal seiner Autorität zu geben, einige grundlegend klärende
Aussagen zu treffen, insbesondere in Bezug auf die stritti-
ge Frage des Verhältnisses von Evangelium und mosai-
schem Gesetz, und durch praxisbezogene ethische Weisungen vor allem dem lieblosen Umgang miteinander
Einhalt zu gebieten - die Zunge im Zaum zu halten, den
Zorn zu beherrschen und vor der eigenen Tür zu kehren
statt vor der des Bruders. Es ist interessant, dass der Neutestamentler Robinson den Brief auf 47/48 n. Chr. da-
tiert.[17] Dann hätte er damit tatsächlich genau in die soeben beschriebene kritische Situation hinein gesprochen.[18]

Mit dem weder lehrmäßig noch durch die bisherigen
Vereinbarungen begründeten Kompromiss zollte Jakobus
auf dem Apostelkonzil den Judaisten Tribut (was bei
Paulus einiges Unbehagen ausgelöst haben mag).[19] Offensichtlich versuchte er immer wieder, ihnen entgegenzu-

---

[17] J.A.T. Robinson, a.a.O., 127ff; so auch M.C. Tenney, a.a.O., 286. -
Maier möchte sich ebenfalls auf ein Datum vor 50 festlegen. G. Maier,
Jakobus, 43f. - Maier und Robinson berufen sich dabei neben einleuch-
tenden Argumenten auf namhafte Gewährsleute wie Theodor Zahn,
Gerhard Kittel und Wilhelm Michaelis. Ebd.; J.A.T. Robinson, a.a.O.,
147f.

[18] Als Hinweis darauf kann auch die Häufung paralleler Ausdrücke in
der Jakobusrede Apg 15,13-21 im Jahr 48 und dem Jakobusbrief gelten.
J.A.T. Robinson, a.a.O., 139f.

[19] P. Stuhlmacher, a.a.O., Bd. 2, 385.

kommen, um die Eskalation zu vermeiden. Er hatte damit allerdings letztendlich keinen Erfolg. Als ihnen aufgrund des Dekrets keine grundsätzliche Handhabe mehr gegen die Pauluspartei zur Verfügung stand, intrigierten sie.[20] In diese Zeit (ca. 57 n. Chr.) fällt wahrscheinlich die Abfassung des Galaterbriefs, in dem Paulus sich erlaubt, diese seine Gegner nun mit schonungsloser Schärfe anzugreifen. Die Judaisten waren offensichtlich zu keinem Kompromiss bereit. In der Tat: Die Zugeständnisse des Jakobus im Apostelkonzil hatten ihren Zweck nicht erfüllt.

2. Glaube und Werke

2.1. Wer antwortet hier wem?

Es ist paradox: Obwohl der Jakobusbrief vielleicht die früheste authentische und vollmächtige gemeindebildende Schrift des Neuen Testaments ist, fiel er bei der Entstehung des neutestamentlichen Kanons fast durch die Maschen. In den vorübergehenden Auflistungen des neutestamentlichen Kanons vor seiner weitestgehend endgültigen Fassung im vierten Jahrhundert wurde er nur zweimal erwähnt und davon einmal angezweifelt.[21] Das scheint aber einen durchaus erfreulichen Grund gehabt zu haben: Meiner Vorstellung nach hatte sich das paulinische Gedankengut von der atemberaubend weit reichenden Freiheit des Glaubens so stark durchgesetzt, dass der Jakobusbrief vorübergehend geradezu eng und „altmodisch" wirkte. Dies um so mehr, als sich wahrscheinlich gesetzlich-enge Christen der ersten Generation mit Vorliebe auf einen vereinseitigten Jakobus beriefen, um damit die „gefährliche" Weite des paulinischen Evangeliums abzuwehren.

---

[20] Apg 21,21.

[21] M.C. Tenney, a.a.O., 462.

Unübersehbar ist die Ähnlichkeit von Jk 2,14ff zu Kapitel vier des etwa im Jahr 57 geschriebenen Römerbriefs.[22]

Jk 2	Rö 4
(14) Was hilft's, liebe Brüder, wenn jemand sagt, er habe Glauben, und hat doch keine Werke? Kann denn der Glaube ihn selig machen? [...] (17) So ist [auch] der Glaube, wenn er nicht Werke hat, tot in sich selber. [...] (21) Ist nicht Abraham, unser Vater, durch Werke gerecht geworden, als er seinen Sohn Isaak auf dem Altar opferte? (22) Da siehst du, daß der Glaube zusammengewirkt hat mit seinen Werken, und durch die Werke ist der Glaube vollkommen geworden. (23) So ist die Schrift erfüllt, die da spricht [...]: „Abraham hat Got geglaubt, und das ist ihm zur Gerechtigkeit gerechnet worden" [...]- (24) So seht ihr nun, daß der Mensch durch Werke gerecht wird, nicht durch Glauben allein.	(2) [...] Ist Abraham durch Werke gerecht, so kann er sich wohl rühmen, aber nicht vor Gott. (3) Denn was sagt die Schrift? „Abraham hat Gott geglaubt, und das ist ihm zur Gerechtigkeit gerechnet worden." (4) Dem aber, der mit Werken umgeht, wird der Lohn nicht aus Gnade zugerechnet, sondern aus Pflicht. (5) Dem aber, der nicht mit Werken umgeht, glaubt aber an den, der die Gottlosen gerecht macht, dem wird sein Glaube gerechnet zur Gerechtigkeit.

Es ist höchst wahrscheinlich, dass diese beiden Stellen aufeinander Bezug nehmen. Aber die Frage ist, wer hier wem antwortet. Bei genauer Betrachtung scheint es, dass *Paulus* der Antwortende ist. Robinson überlegt:

„Als eine Antwort auf die Aussage des Paulus verfehlt die Argumentation des Jakobus vollständig ihr Ziel; denn Paulus hat niemals für einen Glauben ohne Werke gestritten. Aber als eine Antwort, zwar nicht an Jakobus, sondern auf die Art, wie die Judaisten von seinem Brief Gebrauch machen, ist das Argument von Röm 4 in einem wesentlich anderen Zusammenhang (der die Grundlage der Erlösung der Heiden betrifft) sehr wirkungsvoll. [...] Auf jeden Fall ist es sicherlich eine Reaktion auf jene 'Leute aus dem Kreis des Jakobus' (Gal

---

[22] Besonders auffällig ist der beiderseitige, aber völlig gegensätzliche Bezug auf Abraham in diesem Zusammenhang, Rö 4,2f und Jk 2,23f. J.A.T. Robinson, a.a.O., 136.

2,12), daß Paulus später betonen muß, daß der Mensch nicht durch Werke des Gesetzes gerecht wird, sondern durch den Glauben an Jesus Christus (2,16)." [23]

Plausibel scheint, dass Jakobus zunächst sein klärendes Wort zur gerade erst im Zusammenhang mit der paulinischen Missionstätigkeit aufgekommenen irrigen Anschauung, der Glaube bedürfe überhaupt keiner Werke, geschrieben hat. Hätten ihm der Galaterbrief und der Römerbrief schon vorgelegen, so hätte der nüchterne, anscheinend stets um Vermittlung und Frieden bemühte Jakobus seinen Bruder Paulus kaum so massiv missverstehen können. Denn Paulus spricht sehr viel von den Werken, die aus dem Glauben hervorgehen. [24] Das widerspräche auch dem Bild, das wir durch die Apostelgeschichte von der Beziehung zwischen den beiden erhalten.

Meist wird der Jakobusbrief aber umgekehrt als eine Entgegnung auf die paulinische Lehre von der Gerechtigkeit allein durch Glauben angesehen. [25] Dadurch wird er tatsächlich schwierig, denn er wirkt dann wie ein Rückschritt gegenüber Paulus. Wenn man aber nicht die Theologie des Jakobus, sondern die des Paulus als das neu Hinzukommende ansieht, passt organisch das eine zum anderen. Paulus entfaltet in seiner Lehre manches, was in den synoptischen Evangelien [26] erst angedeutet ist. Jakobus scheint theologisch noch näher bei Letzteren zu liegen. Es „besteht kein Zweifel daran, daß hinter allem, was Jakobus sagt, Jesu Lehre steht, besonders wie sie sich in der Bergpredigt und in der Matthäustradition findet",

---

[23] J.A.T. Robinson, a.a.O., 137.

[24] Rö 2,13.25.29; vgl. u.a. aus den wahrscheinlich noch früheren Briefen an die Galater und Thessaloniker Gal 5,6.14ff; 1Thess 1,3, aber auch 1Kor 13,2, ganz zu schweigen von den vielfältigen Verbindlichkeit beanspruchenden ethischen Weisungen des Apostels.

[25] Vgl. z.B. Peter Stuhlmacher im Anschluss an Martin Hengel. P. Stuhlmacher, a.a.O., Bd. 2, 60ff.

[26] Markus, Matthäus, Lukas.

meint Robinson,[27] und Grünzweig ist recht zu geben, wenn er feststellt: „Der Jakobusbrief hat, was den Inhalt und die Form betrifft, starke Ähnlichkeit mit der Bergpredigt und anderer Verkündigung Jesu. [...] Das läßt vermuten, daß der Brief auch in zeitlicher Nähe zu der Verkündigung Jesu entstanden ist."[28]

2.2. Luther und Melanchthon

Auch Martin Luther hat den Jakobusbrief als Rückschritt angesehen. Darum fiel sein Urteil so negativ aus. Er nannte ihn bekanntlich die „Stroherne Epistel" und er hätte ihn am liebsten aus der Bibel verbannt. Was Luther an Jakobus besonders zu schaffen machte, war sein scheinbar offensichtlicher Gegensatz zu Paulus. Er hielt diese beiden Bibelautoren für unvereinbar. In den Tischreden sagt er einmal:

„Viel haben gearbeit / sich bemühet / und darüber geschwitzet uber der Epistel S. Jacobi / das sie dieselbige mit S. Paulo vergliechen / Wie denn Ph. Mel[29]: in der Apologia etwas davon handelt / Aber nicht mit einem ernst / Denn es ist stracks wider einander / Glaube macht gerecht / und / Glaube macht nicht Gerecht / Wer die zusammen reimen kann / dem wil ich mein Baret[30] auffsetzen / und will mich einen Narren schelten lassen."[31]

---

[27] J.A.T. Robinson, a.a.O., 134. - „In Stil und Inhalt weist der Jakobusbrief eine verblüffende Ähnlichkeit mit den Lehren Jesu auf, vor allem mit der Bergpredigt." M.C. Tenney, a.a.O., 285f.

[28] F. Grünzweig, a.a.O., 15.

[29] Philipp Melanchthon.

[30] Gemeint ist der Doktorhut.

[31] Aurifaber, *Tischreden oder Colloqvia Doct. Mart. Luthers*, Faksimiledruck der Originalausgabe 1566 aus dem Besitz der Universitätsbibliothek Lepzig, mit einem Nachwort v. H. Junghans, Lizenzausgabe (Edition Leipzig: Leipzig, 1983), 533.

Luther ist anscheinend mit dem, was Philipp Melanchthon in der Apologie[32] des Augsburgischen Bekenntnis-
ses über dieses Thema geäußert hat, nicht recht zufrieden: Er habe „nicht mit einem Ernst" darüber nachge-
dacht. Aber es scheint, dass Luther selbst noch ernster darüber hätte nachdenken sollen. In der Tat: In Melanch-
thons Augen existierte dieser scharfe Gegensatz nicht.
Nicht bei Jakobus und Paulus selbst sah er das Problem,
sondern bei ihren Auslegern. Auf der einen Seite stünden
die Vertreter der Werkgerechtigkeit: „Auch ziehen sie
den Spruch aus dem Apostel Jakobo an[33] und sagen: 'Se-
het ihr nun, daß wir nicht allein durch den Glauben, sondern durch Werke vor Gott gerecht werden?' Und sie
wollen wähnen, der Spruch sei fest, stark wider unsere
Lehre."[34] Melanchthon ist sicher, dass sie Jakobus falsch
verstehen:

*„Aber wenn die Widersacher allein ihre Träume außen
lassen und nicht hinanflicken, was sie wollen, so ist die
Antwort leicht. Denn des Apostels Jakobi Spruch hat
wohl seinen einfältigen Verstand, aber die Widersacher
erdichten das dazu, daß wir durch unsere Werke verdie-
nen Vergebung der Sünden; item[35], daß die guten Werke eine Versöhnung seien, dadurch uns Gott gnädig
wird; item, daß wir durch die guten Werke überwinden
können die große Macht des Teufels, des Todes und der
Sünde; item, daß unsere guten Werke an ihnen selbst
vor Gott so angenehm und groß geachtet seien, daß wir
des Mittlers Christi nicht bedürfen. Der keines ist dem*

---

[32] Verteidigungsschrift.

[33] Jk 2, 14ff.

[34] Melanchthon, Philipp, Apologia der Konfession, aus dem Latein verdeutscht durch Justus Jonas, Artikel IV: Wie man vor Gott fromm und
gerecht wird, Antwort auf die Argumente der Widersacher,
http://www.glaubensstimme.de/bekenntnisse/ bek008.html, Download
25. Oktober 2008

[35] Ebenso.

Apostel Jakobo in sein Herz gekommen, welches doch alles die Widersacher sich zu erhalten unterstehen durch den Spruch Jakobi. So müssen wir nun erst dieses merken, daß dieser Spruch mehr ist wider die Widersacher denn für sie. [...] Jakobus aber tut anders; er läßt den Glauben nicht außen, sondern redet vom Glauben, damit läßt er Christum den Schatz und den Mittler bleiben, dadurch wir vor Gott gerecht werden, wie auch Paulus [...]. Zum andern zeigt die Sache an ihr selbst an, daß er von Werken redet, welche dem Glauben folgen; denn er zeigt an, daß der Glaube nicht müsse tot, sondern lebendig, kräftig, geschäftig und tätig im Herzen sein. [...] [E]r redet von Werken derjenigen, welche schon durch Christum gerecht geworden sind, welche schon Gott versöhnt sind und Vergebung der Sünden durch Christum erlangt haben."[36]

Jakobus habe also nicht gegen die Glaubensgerechtigkeit und für die Werkgerechtigkeit geschrieben, sondern für den *lebendigen* Glauben, der sich ganz organisch in seinen Früchten zeige:

„Aus diesem allem ist klar genug, daß der Spruch Jakobi nicht wider uns ist. Denn er schilt da etliche faule Christen, welche allzu sicher waren geworden [...]. Darum macht er Unterschied zwischen lebendigem und totem Glauben. Den toten Glauben nennt er, wo nicht allerlei gute Werke und Früchte des Geistes folgen [...]. Nun haben wir gar oft gesagt, was wir Glauben nennen. Denn wir nennen das nicht Glauben, daß man die schlechte[37] *Historie wisse von Christo, welches auch in Teufeln ist,*[38] *sondern das neue Licht und die Kraft, welche der Heilige Geist in den Herzen wirkt, durch welche*

---

[36] Ebd.

[37] Schlecht meint hier schlicht, m.a.W.: „lediglich die Historie".

[38] Vgl. Jk 2,19.

wir die Schrecken des Todes, der Sünde usw. überwinden. Das heißen wir Glauben. Wer Glauben und gute Werke hat, der ist gerecht. Ja, nicht um der Werke willen, sondern um Christus' willen, durch den Glauben. Und wie ein guter Baum gute Früchte tragen soll, und doch die Früchte machen den Baum nicht gut, also müssen gute Werke folgen nach der neuen Geburt, wiewohl sie den Menschen nicht vor Gott angenehm machen, sondern wie der Baum zuvor gut sein muß, also müsse der Mensch zuvor Gott angenehm sein durch den Glauben, um Christus' willen."[39]

„Also ist Jakobus St. Paulo nicht entgegen", resümiert Melanchthon zu Recht.[40] Es scheint, dass sich zu seiner Zeit etwas Ähnliches abspielte wie in der Urkirche: Nicht Paulus wurde von Jakobus missverstanden, sondern Jakobus wurde von seinen eigenen Anhängern missverstanden und als Apostel der Werkgerechtigkeit umgedeutet - und *darauf* antwortete Paulus insbesondere in den Briefen an die Römer und an die Galater.

2.3. Spannende Einheit

Gleichwohl: Ein theologisches Spannungsfeld zwischen Jakobus und Paulus ist gewiss nicht von der Hand zu weisen. Man wird wohl durchaus von zwei Theologien sprechen dürfen, aber nicht so, dass die eine die andere ausschließt, sondern im Sinne des typisch biblischen „Sowohl-als-auch".[41] In der Praxis bedeutet diese notwendige Gegensätzlichkeit durchaus nicht immer, dass sich die Standpunkte nahtlos und friedlich ineinander fügen, um miteinander ein schönes, rundes Ganzes zu bilden.

Ernst Käsemann ist sicher beizupflichten, wenn er da-

---

[39] P. Melanchthon, a.a.O.

[40] Ebd.

[41] Bestes Beispiel ist Phil 2,12f.

vor warnt, den Menschen der Urgemeinde, ihre Leiter eingeschlossen, einen globalen Heiligenschein anzudichten. Sie waren fehlbar wie wir und darum wurden auch sie nicht selten Opfer ihrer ungezügelten Emotionen und feindseliger Fantasien. Käsemann schreibt:

> *„Bereits die älteste Gemeinde ist teils verstehende, teils mißverstehende Gemeinde. Die Hoheit ihres Herrn wird von ihr zugleich bezeugt und verdunkelt. Auch ihr Glaube barg sich im tönernen Gefäß der Menschlichkeit, und ihre Rechtgläubigkeit war genauso zweifelhaft, wie Orthodoxie es stets ist."*[42]

Zweifelhaft scheint allerdings ebenfalls seine Folgerung, wonach der neutestamentliche Kanon nicht „die Einheit der Kirche" begründe, sondern „die Vielzahl der Konfessionen." Bereits in der Urchristenheit seien „eine Fülle verschiedener Konfessionen nebeneinander vorhanden" gewesen.[43] Luther habe darum „die theologische Unvereinbarkeit von paulinischer Rechtfertigungslehre und derjenigen des Jakobusbriefs zutreffend beurteilt".[44] Käsemann versteht also die konstitutive Verschiedenheit der theologischen Richtungen in der Gemeinde Jesu im Sinne von fundamentalen „Unvereinbarkeiten", die „nebeneinander" vorhanden sind. Aber genau das ist und war Gemeinde Jesu *nicht*, wenn sie sich dem Augenschein nach auch leider allzu oft so präsentiert. Ganz anders urteilt Wolfhard Pannenberg, dessen Überlegungen hierzu wir gern folgen: „Mit welchem Entsetzen hätte Paulus wohl das Auseinanderfallen der Christenheit in einander ausschließende Kirchen betrachtet."[45] Auch

---

[42] Ernst Käsemann, *Exegetische Versuche und Besinnungen: Auswahl*, mit einem Geleitwort v. W. Schrage (Vandenhoeck & Ruprecht: Göttingen, 1986), 92.

[43] Ebd., 93.

[44] Ebd., 92.

[45] Ebd.

Pannenberg sieht durchaus das Problem der überzogenen Harmonisierung. Schon im zweiten Jahrhundert habe sich „eine Tendenz zur Verherrlichung der Anfangszeit der Kirche" herausgebildet -

> „in deutlicher Spannung zum Selbstverständnis etwa des Paulus [...]. Das allzu harmonische Bild vom Urchristentum dürfte mit dafür verantwortlich sein, daß der Entfaltung einander widerstreitender Meinungen von früh an zu wenig Raum in der Kirche zugestanden worden ist."[46]

Er weist aber auch darauf hin, dass trotz aller konfessioneller Verschiedenheit „in Jesus Christus die Einheit aller Christen schon vorgegeben ist"[47], nämlich „durch die Verbundenheit eines jeden mit Jesus Christus".[48]

> „Die These von der Unsichtbarkeit der Kirche hat nur da ein Wahrheitsmoment, wo von dem Wissen um eine die vorhandene kirchliche Wirklichkeit übersteigende, größere und umfassendere Einheit in Christus ein Antrieb ausgeht zur Sichtbarmachung dieser größeren Einheit. [...] Wo das nicht geschieht, muß das als Ausdruck des Unglaubens und des Widerstandes gegen das Wirken des heiligen Geistes betrachtet werden."[49]

---

[46] Wolfhart Pannenberg, *Ethik und Ekklesiologie: Gesammelte Aufsätze* (Vandenhoeck & Ruprecht: Göttingen, 1977), 229.

[47] Ebd., 200.

[48] Ebd., 201. - Vielleicht hat Pannenberg recht, wenn er überlegt: „Die Einheit der Kirche ist nicht in erster Linie Einheit der Lehre. Sie beruht hingegen auf dem gemeinsamen Bekenntnis zu Jesus Christus." Ebd., 252.

[49] Ebd., 202.

3. Grundelemente der Seelsorge

Jakobus legt besonders großen Nachdruck auf die *Lebens-praxis* der Christen.[50] Paulus betont besonders den *geglaubten* Glauben, Jakobus betont besonders den im Alltag *gelebten* Glauben. Jakobus stellt sich, wie Ernst Aebi treffend zusammenfasst,

> *„offensichtlich zur Aufgabe, einen Mangel an Aufrichtigkeit und Konsequenz im christlichen Alltagsleben zu bekämpfen. [...] Deshalb brandmarkt der Verfasser alles, was im Leben der Christen nicht stichhaltig ist und ihrem Glauben widerspricht, und ruft unentwegt auf zu einem echten, tatkräftigen Christentum."*[51]

Das Spezifikum der Evangeliumsverkündigung des Jakobusbriefs besteht nach Eduard Thurneysen darin, dass er sich „dem täglichen Lebenskampf der Christen, seiner täglichen 'Anfechtung', mit einer besonderen Aufmerksamkeit zuwendet. [...] Man könnte wohl sagen, es seien evangelische Exerzitien, die der Jakobusbrief mit uns anstellt."[52] Der pietistische Bibelgelehrte Johann Albrecht Bengel (1687-1752) stellte fest, Jakobus gehe es um „die Mäßigung, oder, wenn man lieber so sagen will, die geistliche Nüchternheit der Seele."[53] Und der Neutestamentler Friedrich Hauck schreibt einleitend und charakterisierend zum Jakobusbrief: „Frommes Scheinwesen tut der

---

[50] F. Grünzweig, a.a.O., 69.

[51] Ernst Aebi, *Kurze Einführung in die Bibel*, 9. Aufl. (Verlag Bibellesebund: Winterthur, 1987), 268f. „Die Stärke des Briefes liegt in der unmittelbar einleuchtenden weisheitlichen Paränese." P. Stuhlmacher, a.a.O., Bd. 2, 68. - Paränese = „Rat, Ermahnung".

[52] Eduard Thurneysen, *Der Brief des Jakobus, ausgelegt für die Gemeinde* (Friedrich Reinhardt: Basel, o.J.), 6.

[53] Johann Albrecht Bengel, *Gnomon: Auslegung des Neuen Testaments in fortlaufenden Anmerkungen. Briefe und Offenbarung*, Bd, 2, Teil 2, deutsch v. C.F. Werner, 7. Aufl. (J.F. Steinkopf: Stuttgart, 1960), 713.

heiligen Forderung Gottes nicht Genüge. Frömmigkeit [...] ist nur echt, soweit sie zur Tat wird. Diese Gedanken stehen denen Jesu ganz nahe."[54] Das sind einige Gründe dafür, dass der Jakobusbrief die wohl ergiebigste Argumentationsbasis für die biblische Fundierung Beratender Seelsorge ist. Meiner Erkenntnis nach fokussiert er sieben für Seelsorge wesentliche Themen:

▸ Das eigentliche Problem christlichen Lebens liegt nicht in den schwierigen Lebensumständen selbst, sondern darin, wie wir sie bewerten und entsprechend emotional und behavioral[55] mit ihnen umgehen. Damit spricht Jakobus die *Grundelemente der Kognitiven Seelsorge* an.[56]

▸ Entscheidend für die Bewertung der Lebensumstände ist das *Gottesbild*. Christliche Lebensführung ist des vollkommen menschenfreundlichen Gottesbildes wegen, das Jakobus vertritt, von Freude und Vertrauen bestimmt. Damit spricht Jakobus die *Grundelemente der geistlichen Identität* an. Das impliziert die für Seelsorge hoch relevante Theodizeefrage[57].

▸ Sowohl für die geistliche Identität als auch für die Verwirklichung der zwischenmenschlichen Liebesgemeinschaft in der Gemeinde hat für Jakobus *das aufmerksame Hören zentrale Bedeutung*. Die Wahrhaftigkeit des Hörens erweist sich in dem daraus hervorgehen-

---

[54] Friedrich Hauck, *Der Brief des Jakobus*, in: Friedrich Hauck, *Die Katholischen Briefe*, Das Neue Testament Deutsch (NTD), Hg. P. Althaus u. J. Behm, Bd. 10, 5.

[55] Im Verhalten.

[56] Zur Einführung in die Praxis kognitiver Seelsorge s. Hans-Arved Willberg, *Das ABC der positiven Lebenseinstellung: Endlich Schluss mit finsteren Gedanken!* (R. Brockhaus: Witten, 2007) Lebenshilfen aus dem Institut für Seelsorgeausbildung (ISA), Bd. 1, Neuausgabe der 1. Aufl. bei SCM R.Brockhaus, 2007 (Books on Demand: Norderstedt, 2010).

[57] Theodizee: Die Frage nach der Gerechtigkeit Gottes angesichts des Leids.

den Verhalten. Damit spricht er *die Grundelemente der seelsorgerlichen Haltung und Gesprächsführung* an.

▸ Als seelsorgerliches Kernproblem des Miteinanders in der Gemeinde erkennt Jakobus *destruktives Kommunizieren*. Damit spricht er die für das Beziehungsgefüge der Gemeinde hoch relevante *Frage der Sozialkompetenz* an.

▸ Als seelsorgerliches Kernproblem des Miteinanders in der Gemeinde erkennt Jakobus *schädigende Machtverhältnisse*. Er entlarvt die Zerstörungskraft unangemessenen Ansehens einflussreicher Personen. Damit spricht er die für Seelsorge hoch relevante *Frage der Machtausübung und des Machtmissbrauchs* in der Gemeinde an.

▸ Jakobus stellt die *Integration der Schwachen und Kranken* in den Mittelpunkt des praktischen Gemeindelebens. Wenn sich im gemeinsamen, aufrichtigen Bekenntnis der Schuld die funktionalen Unterschiede der Gemeindehierarchie aufheben, geschieht *wirksames, heilungsmächtiges Gebet*. Damit spricht Jakobus den für die Seelsorge hoch relevanten *Zusammenhang stufenloser geistlicher Gemeinschaft unter dem Kreuz und innerer Heilung* an. Das impliziert auch die psychosomatische Dimension.

▸ Jakobus betont nachdrücklich, dass aus dem Hören des Wortes Gottes notwendig konkrete lebensverändernde Schritte resultieren. Diese münden in seelsorgerlich-diakonisches Engagement für den einzelnen notleidenden Mitmenschen. Erst darin kommt das Wort im Hörenden zum Ziel. Damit spricht er die hohe Relevanz der Seelsorge für das Gemeindewachstum an. *Seelsorge ist Freisetzung zum Dienst.* Seelsorge emöglicht dem Einzelnen die Umsetzung des gehörten Wortes in die konkrete Lebenspraxis und ist dadurch Realisierung der christlichen Gemeinschaft in wahrhaftiger, befreiender Einheit.

Biblisch-psychologische Auslegung

Erstes Kapitel

Gleich zu Beginn des Briefs stellt Jakobus die Frage des Gottesbildes in den Mittelpunkt. Gott ist gütig und liebevoll. Er ist der sehr freundliche Vater der Glaubenden. Daran braucht niemand einen Zweifel zu haben.

Vers 1: Die Einheit

> Jakobus, ein Knecht Gottes und des Herrn Jesus Christus, an die zwölf Stämme in der Zerstreuung. Gruß zuvor!

Dies ist ein ökumenischer Brief. Die Adressaten leben zwar in der „Zerstreuung", aber sie sind auch in ihrer Einheit und Vollständigkeit angesprochen: Die „12 Stämme" symbolisieren die Gesamtheit des Gottesvolkes.[58] Zerstreuung, Zerrissenheit und gleichzeitige Einheit: Die Doppelseitigkeit der kirchlichen Existenz erfahren wir auch heute leidvoll, nicht zuletzt in Gestalt scheinbar sich gegenseitig ausschließender Seelsorgelehren. Das ist Anfechtung.

Wir sind nicht wirklich zuhause als Christen in dieser Welt,[59] weil sie unter die Herrschaft der Angst geknechtet ist, aus der aller Unfriede hervorgeht, alle Unmenschlichkeit, alle missbräuchliche Gewalt, alle Rechthaberei, aller ausgrenzender Klüngel, alle Gesetzlichkeit, alle Ar-

---

[58] P. Stuhlmacher, a.a.O., Bd. 2, 60; Adolf Schlatter, Der Brief des Jakobus, in: Adolf Schlatter, *Die Briefe des Petrus, Judas, Jakobus, der Brief an die Hebräer: Ausgelegt für Bibelleser*, Erläuterungen zum Neuen Testament, Bd. 9 (Calwer: Stuttgart, 1987), 132. - Friedrich Hauck meint, die Formulierung „an die zwölf Stämme" im Eingangsgruß hänge damit zusammen, dass sich der Jakobusbrief in 12 „Grundmahnungen an die Christenheit" unterteilen lasse. F. Hauck, Jakobus, 5.

[59] Ebd., 6.

roganz, alle Schwarzweißmalerei, aller Krieg, alle Bosheit und Falschheit. So soll es nicht sein unter uns.[60] Aber weil es doch so ist unter uns, leiden wir erst recht, unter der doppelten Fremdheit: Fremd sind wir in der Welt, Schafe unter Wölfen, und fremd sind wir untereinander, heulen mit den Wölfen, beißen und fressen einander wie sie[61], erschrecken, enttäuschen, verwirren zutiefst, weil der Geist der Welt in uns noch viel ärger wirkt als in denen, die sich nicht zu unserem Gott des Friedens und der Liebe bekennen, viel ärger noch, weil wir die Wolfsgesinnung in die Vollmacht geistlichen Hirtendienstes verkleiden, weil wir im Namen Jesu das Gebot der Liebe brechen. Und so sind wir denn versucht, die Gemeinschaft aufzugeben, das Vertrauen in merkwürdig enttäuschendes anderes „Bodenpersonal" gänzlich preiszugeben, stattdessen nur noch auf den eigenen Weg acht zu geben, in misstrauischer Abgrenzung zu jenen „unmöglichen" anderen, oder uns mit Gesinnungsgenossen zusammenzuklüngeln oder die Gemeinschaft solcher zu suchen, die einfach nur Menschen sind, ohne fromm getarnte Eigensucht, angenehm weltlich, Nicht-Pharisäer, tolerant, natürlich und freundlich, barmherzig, mitten drin im Leben, wertschätzend, empathisch, echt und ehrlich, wie jener explizit unfromme Verachtete zwischen Jerusalem und Jericho,[62] „Samariter" damals, „Türke" oder „Humanist" oder was auch immer heute, der dort war, wo die Frommen fehlten, Erfüller des Liebesgebots aller Dogmatik zum Trotz. Die Welt der Frommen hinter sich zu lassen, angewidert, tief enttäuscht, weil der Geist der Welt die Frommen beherrscht, eine Versuchung ist das, die leider nicht selten höchst vernünftig erscheint.

Jesus hat das „hohepriesterliche Gebet" für die Ein-

---

[60] Mt 20, 26a.

[61] Gal 5,15.

[62] Lk 10,25ff.

heit der Gemeinde nicht umsonst gesprochen.[63] Und weil er das Haupt der Gemeinde ist, darum ist beides Realität: Zerstreuung, Zerrissenheit und Feindschaft einerseits, Einheit, Liebe, Wachstum und Vertrauen zueinander andererseits. Diese andere Seite ist die stärkere Realität - nur auf *sie* kommt es an. Jene ist die Realität der Sünde und des Todes, der wir leider nicht entkommen, diese aber ist die Realität der Auferstehung und des Lebens, die Realität des Heiligen Geistes, der lebendigen Gegenwart des barmherzigen Gottes, des wahren Samariters. An die sollen wir glauben, an die allein.[64]

„In der Tat, wie groß ist doch die Zerissenheit und Zerstreuung der Gemeinde!", schrieb Eduard Thurneysen, einer der großen Seelsorgelehrer des 20. Jahrhunderts, während des Zweiten Weltkriegs, „wieviel an Ferne und Fremde gibt es unter denen, die als Gottes Volk zusammengehören sollten, auch bei uns, in der Gemeinde von heute!" Und dennoch:

> *„[W]ir wollen es uns sagen lassen und wollen es einander daraufhin zurufen, wie man sich etwas zuruft auf einer Wanderung durch Nebel und Dunkel, wo keiner den andern mehr sieht, um sich zu vergewissern: Wir sind noch da! Wir sind noch beieinander! [...] Wir sind da, weil Jesus Christus da ist."*[65]

Das ist Seelsorge: Solidarisches Unterwegssein derer, die unter Zerstreuung und Zertrennung leiden; Miteinander,

---

[63] Joh 17.

[64] Der „Streit um das Erbe der christlichen Anfänge kann erst dann verstummen, wenn man in den Konflikten der Kirchengeschichte, in der getrennten Entwicklung der gespaltenen Christenheit die Einheit des gekreuzigten Christus gefunden hat, dessen Leiden die Kirchengeschichte fortsetzt durch ihre Zerrissenheit, die nur aus dem Glauben an die Zukunft des einen, auferstandenen Herrn versöhnt und überwunden wird." W. Pannenberg, a.a.O., 218.

[65] E. Thurneysen, a.a.O., 7f.

Zueinander, Füreinander derer, die den Frieden suchen, gemeinsames Ringen um den Weg. Gegenseitige Unterstützung, Dienst füreinander und aneinander. Nicht besserwisserisch und von oben herab, sondern in kameradschaftlicher Demut. „Der Therapeut [...] wird zu einem Gefährten, der den Klienten bei seiner Suche in einem tiefdunklen und dicht verwachsenen Wald begleitet", sagt Carl Rogers. „Die Reaktionen des Therapeuten gleichen jetzt den Rufen in der Finsternis: 'Bin ich in Ihrer Nähe?'"[66] Erstaunlich, wie das Thurneysens Worten ähnelt. Sowohl dieses tastende Fragen als auch der wechselseitige Zuspruch „Wir sind noch da! Wir sind noch beieinander!", allein, „weil Jesus Christus da ist", bilden den Kern segnenden seelsorgerlichen Umgangs in der Gemeinde Jesu heute. Wer immer sich hingegen in dieser Zeit des Nebels anmaßt, unter Vernachlässigung des manchmal langen Wegs der Verständigung, den allseits verbindlich richtigen Weg zu wissen und darum keck "Mir nach!" ruft, könnte in Wahrheit ein blinder Blindenführer sein.

Vers 2: Anfechtung und Freude

Meine lieben Brüder, erachtet es für lauter Freude, wenn ihr in mancherlei Anfechtungen fallt

„Ein Christ sol ein frölich Mensch sein / Da wir gleich viel plagen müssen leiden / und wol zumartert werden / von außen und von innen / beide von der Welt und dem Teufel / so laß imer hin gehen / sey getrost / und ruffe Gott an / und hab gedult / der ist ein Nothelffer / wird dich nicht trosts noch hülfflos / noch stecken und verderben lassen in der Anfechtung / Denn sie sind uns gut

---

[66] Carl R. Rogers, *Die klientenzentrierte Gesprächspsychotherapie*, mit Beitr. v. E. Dorfmann et al., aus d. Amerik. v. E. Nosbüsch, 14. Aufl. (Fischer Taschenbuch: Frankfurt a.M., 2000), 114.

und not / auff das Gottes krafft in unser schwachheit
stercker werde." Martin Luther[67]

Bereits der Eingangsgruß lautet buchstäblich gelesen
nicht „Gruß (zuvor)"[68], sondern „Freude". Da der Gruß
für Jakobus offenbar nicht nur Floskel, sondern vor allem
Segenszuspruch ist, folgt daraus nun organisch die vertie-
fende Aussage in Vers 2 über die Freude.[69]

Der Brief beginnt also mit einer kaum zu überhören-
den, kräftigen Freudenfanfare. „Was auch sei, und wie es
auch stehe: freuen dürft ihr euch!" Über allen Weisungen
des Briefs „steht das Wort 'Freude' geschrieben", konsta-
tiert Thurneysen.[70] Jakobus sagt das Menschen, bei denen
er sicher ist, dass sie einen festen Halt im Glauben haben.
Für Freude sollen sie es halten um des *Glaubens* willen,
nur deshalb. Denn darum haben sie einen echten Grund
dafür. Für sie gilt, dass alles Leiden nur Durchgang ist -
ein dunkler Tunnel, der im Licht endet. Für sie gilt, dass
alles Leiden unter dem Versprechen Gottes steht, nicht
einmal ein Haar, das uns vom Kopf fällt, unbeachtet zu
lassen. Gott verspricht den Ausgleich, den wahren Trost.
Und für sie gilt, dass alles, was sie zu erleiden haben, unter Gottes Regie steht; er lässt nicht mehr zu, als seine
Ziele für das Leben dieses Menschen zulassen. Für sie
gilt, dass Gott barmherzig ist und nicht das Leiden, sondern den Segen und die Freude will - und dass alles Leiden eines Christen letztlich diesen Zielen Gottes dienen
muss. Deshalb sagt Jakobus: Freut euch in der Anfechtung - im Blick auf Gottes Versprechen: Er *wird* es gut machen. Ihr *werdet* getröstet sein. *Das* sei eure Freude.

Wir dürfen davon ausgehen, dass Jakobus *echte* Freu-

---

[67] M. Luther, Aurifaber, a.a.O., 316.

[68] Z.B. Luther 1984.

[69] F. Hauck, a.a.O., 7.

[70] E. Thurneysen, a.a.O., 9.

de meint. Echte Freude ist eine beflügelnde Kraft im Alltag. Sie durchdringt und verändert den Alltag. Echte Freude ist immer echte *Lebens*freude. Sie schwebt nicht über der tristen Öde des tatsächlichen Lebens und sie erschöpft sich nicht in gelegentlichen Aufschwüngen, die ihr Ende finden, wenn sich das Leben wieder normalisiert. Eduard Thurneysen predigt 1940, mitten im Krieg:

> *„Wie bei Jakobus alles ganz unmittelbar aufs Leben hinweist, so ist auch Freude bei ihm ganz einfach Lebensfreude, Freude am Leben. Sich freuen heißt ein Mensch sein, der ja sagen kann zu seinem Leben. Sich freuen heißt, dass wir unser Leben, so wie es ist, mit seinen Höhen und Tiefen, mit seinem Licht, aber auch mit seiner Not und Kälte, lieben und loben können. Sich freuen heißt leben, wirklich leben, leben in einem letzten Frieden, in einer letzten Zuversicht, leben wie ein Kind, das in der Dämmerung bei der Mutter sitzt in der dunkelwerdenden Kammer und spielt und ob dem Spiel ganz vergißt, dass es dunkel wird. Die Mutter ist ja bei ihm, was soll es sich fürchten?"*[71]

In der Freude zu leben ist ein grundbiblischer Anspruch. Mithin sind die ersten Zeilen des Jakobusbriefs in der Tat auch seine Überschrift.[72] Darum geht es im Folgenden: Wie ein Leben in der Freude trotz Anfechtung gelingt. Das christliche Leben vollzieht sich nicht von Niederlage zu Niederlage, sondern von Sieg zu Sieg und damit auch von Freude zu Freude. Jakobus ist sich mit Paulus ganz darin einig, dass die Freude der Cantus firmus des gesunden Glaubenslebens ist, das, was sich kontinuierlich durchzieht, der rote Faden, die Achse. „Seid allezeit fröh-

---

[71] Ebd., 19.

[72] „Die Worte 'lauter Freude' stehen so betont am Anfang, dass man von daher den Jakobusbrief als 'Freuden'-Brief bezeichnen kann." G. Maier, Jakobus, 59.

lich!"[73] schärft Paulus in der Anfangszeit seiner Missionstätigkeit den Thessalonichern ein. „Freuet euch in dem Herrn allewege, und abermals sage ich: Freuet euch!"[74], schreibt er gegen Ende seines Lebens den Philippern. Nicht zu Unrecht hat man diese Epistel den „Freudenbrief" des Paulus genannt.

Die Freude kann grausam schwer fallen, denn sie kann grausam angefochten sein. Anfechtung ist Angriff auf die Lebensfreude, Herausforderung zum Kampf für den Fortbestand und die Erneuerung der Freude. Unter den „mancherlei Anfechtungen" ist alles Mögliche zu verstehen, was uns zu schaffen machen kann, durchaus nicht nur speziell geistliche Probleme.[75] Wir „fallen" da hinein, wir suchen uns das nicht aus, es kommt über uns wie schlechtes Wetter.[76] „Auch das noch..." Vor allem sind es Erfahrungen, die uns „gar nicht in den Kram passen", wenn uns der Stress etwa bereits übermäßig groß erscheint und ausgerechnet der berühmte völlig überflüssige Tropfen dazu kommt, der das Fass zum Überlaufen bringt. Spätestens dann wird die Anfechtung zur gefährlichen Versuchung, weil wir uns einbilden, gar nicht mehr anders als destruktiv reagieren zu können.[77] Aber offensichtlich ist Jakobus überzeugt, dass wir selbst entscheiden können, wie wir über die Anfechtung denken. „Hal-

---

[73] 1Thess 5,16.

[74] Phil 4,4.

[75] F. Grünzweig, a.a.O., 25; G. Maier, Jakobus,58. - Die Frage ist ohnehin, ob es so etwas gibt, oder ob nicht die wahren geistlichen Probleme immer auch ganz reale Alltagsprobleme sind.

[76] F. Grünzweig, a.a.O., 25; G. Maier, Jakobus, 58.

[77] „Das ist gegen unsere Ungeduld gesagt, die es verdrießt, wenn immer wieder in wechselnder Gestalt und unvermutet der Kampf neu anfängt und jeder gewonnene Sieg sogleich wieder zu einer neuen Aufgabe führt, die aufs neue ihre Versuchung bei sich hat. Dann ficht den verzagten Sinn der Überdruß an; er meint, es sei endlich genug." A. Schlatter, a.a.O., 136.

ten für" ist gleich bedeutend mit „bewerten als".[78] Wir können uns der Anfechtung ablehnend entziehen oder uns ihr mutig stellen. Wir können sie als unsinnige Überforderung oder als sinnvolle Herausforderung deuten.[79] Wir können mit Resignation und Erbitterung darauf reagieren oder mit Konzentration auf den Widerstand, mit Flucht und Zerstreuung oder mit mutiger Kampfbereitschaft, lebensverneinend oder lebensbejahend. Offensichtlich meint Jakobus, dass es an uns selbst liegt, welche Antwort wir der Anfechtung geben.[80]

Jakobus geht es darum, dass der Glaube ganz ins Leben kommt und dass er im Leben seine Kraft bewährt. An den Werken müsse sie erkannt werden; das bedeutet nichts anderes als: an den Wirkungen, an den Aus-Wirkungen im Alltag. Jakobus verneint den Glauben, der nur an der Oberfläche bleibt. Er muss Tiefenwirkung haben, wenn er echt und beständig sein soll. Er muss der Sauerteig des Alltags sein, der ihn ganz durchdringt. Das geht nicht ohne beständigen mutigen Kampf. Er vollzieht sich vor allem in unserem Denken. Wie wir über die Anfechtungserfahrungen denken, so erleben wir sie letztlich auch. Ob wir sie destruktiv oder konstruktiv bewerten, ob Niederlage daraus wird oder Sieg, Resignation oder Freude, das entscheiden wir selbst. Die Zumutung des Glaubens besteht darin, dass uns diese Entscheidung nicht abgenommen wird: Wir selbst sagen „ja" oder „nein" zum realen Leben, wie wir es erfahren, und wir selbst sind verantwortlich dafür - nicht Gott, nicht Um-

---

[78] „Aber nun wird das, was zunächst als Last erlebt wird, total umbewertet." G. Maier, Jakobus., 58.

[79] F. Hauck, a.a.O., 7.

[80] Billy Graham erzählt einmal die Anekdote eines Hauptmanns, dem gemeldet wurde, seine Kompanie sei völlig von Feinden umzingelt. „Wunderbar", war seine Antwort, „lasst keinen entkommen!" Es kommt eben darauf an, wie man die Dinge sieht und was man daraus macht.

stände, nicht andere Menschen.

In der Psychotherapie ist das ein höchst wichtiger und viel beachteter Sachverhalt. Man spricht von „Kognitiver Umstrukturierung" oder auch vom „Reframing", was heißen soll: Die Angelegenheit in einen anderen Rahmen setzen.

Die Freude kommt nur, wenn ich sie bejahe. Das braucht Entschlossenheit. Am Anfang der Lebensfreude steht der freie Entschluss, das Leben als Gabe und Aufgabe anzunehmen. Wenn ich mich der Freude verweigere und trotzdem erwarte, dass sie kommt, ähnelt das dem Wunsch nach Sonne bei heruntergelassenen Rollläden. Die Freude will gerade dann begrüßt und gewollt sein, wenn sie uns fehlt. Auch das entscheiden wir selbst. Wir können uns in der Freudlosigkeit einrichten oder sie entschlossen hinter uns lassen, auch wenn wir noch im dunklen Tunnel sind und das Licht am Ende noch nicht sehen. Probleme sind Herausforderungen. Verschlossene Türen sind Wegweiser. Jakobus stellt sich meiner Versuchung zur Freudlosigkeit gleich zu Beginn des Briefs in den Weg: „Bitte entschließe dich konsequent und ganz ohne Kompromiss zur Freude, mein lieber Freund! Nur dann wirst du meinen Brief auch so verstehen, wie er gemeint ist."

Verse 3-4: Geduld lernen

(3) und wisst, dass euer Glaube, wenn er bewährt ist, Geduld wirkt. (4) Die Geduld aber soll ihr Werk tun bis ans Ende, damit ihr vollkommen und unversehrt seid und kein Mangel an euch sei.

Wer in der Anfechtung standhaft bleibt, erntet die Frucht der Geduld dafür. Das ist eine typisch neutestamentliche Überlegung.[81] Geduld, so schreibt Paulus in der Parallel-

[81] G. Maier, Jakobus, 59.

stelle Rö 5,1-5, führt zur Bewährung und Bewährung wiederum äußert sich in unbeirrbarer Hoffnung.[82] Man könnte auch sagen: In einer unbeirrt positiven Lebenseinstellung, in einem unbedingten Ja zum Leben. Übung macht den Meister. Durch die wiederholte Erfahrung des Standhaltens in der Anfechtung bildet sich eine nüchterne Siegermentalität aus.

Diese einleitende Aussage zeigt eigentlich sehr klar, dass Jakobus das Verhältnis des Glaubens zu den Werken genauso sieht wie Paulus. Die Werke sind die *Wirkungen* des Glaubens. Bewährter Glaube wirkt sich in der Tugend der Geduld aus.

Die Geduld ist nach Jakobus offenbar das, was den Menschen „vollkommen" macht. Vollkommenheit im biblischen Sinn ist etwas anderes als Perfektion. Vollkommenheit ist das Gegenstück zur Gespaltenheit, von der Jakobus in den Versen sechs bis acht schreiben wird. Vollkommen ist das feste, ungeteilte Herz. Vollkommen ist ein Mensch, der nicht mehr mit sich selbst im Streit liegt, sondern Frieden gefunden hat. Vollkommen ist der versöhnte Mensch, der sich selbst mit seiner Vergangenheit annimmt und für seine Zukunft Gott vertraut.

Geduld lässt in diesem Sinn vollkommen werden. Darin liegt das Ziel der Seelsorge. Prägnanter lässt es sich nicht benennen.

Geduld ist die Kunst der Gegenwärtigkeit. Der Geduldige lebt ganz im Hier und Jetzt. Weder klebt er an der Vergangenheit fest noch ist er unter die Sorge vor der Zukunft gebannt. Er ist im Augenblick und für ihn frei. Der geduldige Mensch ist der freie Mensch, der sich nicht durch die Umstände treiben und knechten lässt.

Geduld ist sinnvolles *Aushalten* unter unangenehmen und sinnvolles *Auskosten* unter angenehmen Umständen. Geduld bedeutet, den inneren Abstand zu wahren; sich

---

[82] Ganz ähnlich äußert sich auch Petrus, vgl. 1Pt 1,5-7.

weder vom Unangenehmen noch vom Angenehmen völlig vereinnahmen zu lassen, sondern immer noch bei sich selbst, bei Sinnen, bei Trost zu bleiben. Geduld ist die Freiheit zur Vernunft unter allen Umständen. Ein anderes Wort für Geduld ist Achtsamkeit. Geduld bedeutet zu leben statt gelebt zu werden.

Vers 5: Der Gebe-Gott

Wenn aber jemandem unter euch an Weisheit mangelt, so bitte er Gott, der jedermann gern gibt und niemanden schilt, so wird sie ihm gegeben werden.

In diesem Satz klingen recht deutlich wesentliche Worte Jesu zum Gebet an.[83] Jakobus zeichnet mit feiner Feder ihre Konturen nach, um ihnen Alltagsprägnanz zu verleihen. Er zieht diese Grundaussagen seines Bruders und Meisters in die Anfechtungswirklichkeit hinein und verortet sie in der Eigenverantwortlichkeit des Glaubenden.

„Nicht die Bedrängnisse sind es, die uns quälen, sondern die Mühe quält uns, die wir uns um sie machen", kommentiert Thurneysen,[84] und er sagt damit fast genau dasselbe wie der stoische Philosoph Epiktet mit seinem viel zitierten Spruch, dem Kernsatz moderner Kognitiver Therapie: "„Nicht die Dinge selbst beunruhigen die Menschen, sondern ihre Meinungen und Urteile über die Dinge."[85] Nur die Begründung ist jetzt spezifisch christlich: „Weil er es ist, der allein helfen kann und hilft. Wir streiten gegen ihn mit unserem Sorgen."[86] Ganz übereinstimmend mit der Bergpredigt[87] fordert Jakobus dazu auf, der

---

[83] Vgl. Mt 7,7-11; Lk 11,5-13; Joh 16,23f.

[84] E. Thurneysen, a.a.O., 24.

[85] Epiktet, *Handbüchlein der Moral*, Griechisch/Deutsch, übersetzt u. hg. v. K. Steinmann (Philipp Reclam jun.: Stuttgart, 2004), 11.

[86] E. Thurneysen, a.a.O., 24.

[87] Mt 6,31-34.

Sorge konsequent abzusagen und ihr zu widerstehen, weil sie unnötig ist. Das geht aber nur vor dem Hintergrund eines radikal *positiven* Gottesbildes. Das Gottesbild ist der Dreh- und Angelpunkt des Jakobusbriefs. Wenn wir nicht nachvollziehen, wie Jakobus über Gott denkt, fädeln wir falsch ein und die vielen strengen Worte im weiteren Text wirken *allzu* streng auf uns.

Ich vermute, dass ein angstbesetztes Gottesbild der spirituelle Hauptfaktor bei der Entstehung psychischer Störungen ist. Darum ist es entscheidend für das seelsorgerliche Verständnis des Jakobusbriefs, sein Gottesbild, das er im Zusammenhang mit der Aufforderung zur Freude trotz Anfechtung gleich an den Beginn seines Briefes stellt, recht wahrzunehmen. Es ist absolut positiv.

„Es ist, wie wenn Gott an dieser Stelle einen neuen Namen bekäme", erklärt Thurneysen. „Er heißt jetzt: 'der Gott, der da gibt', der Gebe-Gott. [...] Es ist der Gott, des Wesen es ist zu schenken, nur zu schenken."[88] Jakobus glaubt an den Gott, „der jedermann gern gibt". Mit „gern" wird das „*haplos*" des griechischen Grundtextes übersetzt. Das Wort „einfältig", das hier in den alten Bibeln steht, trifft die Bedeutung aber eigentlich noch besser. Einfalt ist das das Gegenteil von Zwiespältigkeit. „Das will sagen: Gott gibt bedingungslos, er gibt ohne Hintergedanken, er gibt ohne weiteres."[89] Gott ist ohne jedes Wenn und Aber absolut vertrauenswürdig. Darum gibt es keinen Grund zur Sorge.

Der „Gebe-Gott" schilt niemanden, der sich ehrlich an ihn wendet. Er verbindet mit seinem Schenken keinen Druck. „Gott will uns nicht einmal beschämen, indem er uns gibt."[90] Das griechische *oneidízo* an dieser Stelle heißt „schimpfen, schelten, schmähen, jemandem Vorwürfe

---

[88] E. Thurneysen, a.a.O., 25.

[89] Ebd., 27.

[90] Ebd.

machen, jemandem etwas zur Last legen, gegen etwas Anklage erheben."[91] Das Hauptwort dazu meint „Schimpf, Schmach, Schande". Das Schmähen ist unser menschliches Grundproblem: Wir schmähen Gott und die Welt, die Mitmenschen und uns selbst. Aber Gott schmäht nicht.

„Schmähung" ist destruktive, herabsetzende, abwertende Anklage. In Kapitel 3 wird Jakobus eine Trennlinie zwischen „Weisheit von oben" und „Weisheit von unten" ziehen[92]; es ist die Linie zwischen Schmähen und Segnen. Schmähung ist die Frucht der Ablehnung, Segnung ist die Frucht der Bejahung.

Weil Gott niemand schmäht, der sich ihm ehrlich zuwendet, ist kein Mensch von der Einladung dazu ausgeschlossen. Keiner braucht darum zu denken: „Ich gehöre nicht dazu. Mir kann Gott nicht helfen. Ich darf ihn nicht bitten."[93]

Die von Jesus zugesprochene absolute Erhörungsgarantie bezieht Jakobus aber weder auf die Abwendung der Not durch Hilfe von außen noch auf die Umsetzung der Problemlösung durch den Ratschluss Gottes fernab der engagierten Verantwortungsübernahme des Betroffenen selbst. Jakobus ist offenbar überzeugt, dass wir in den Anfechtungsnöten der Alltagswirklichkeit weniger entlastende *Abhilfe* als vielmehr ermutigende *Beihilfe* benötigen, indem Gott uns bei der eigenverantwortlichen Lösungsfindung unterstützt. Darum fokussiert er das Ziel unseres Betens in Not auf die *Weisheit*.

Thurneysen stellt das große Wort auf den Boden der Alltagstatsachen:

---

[91] Johannes Schneider, „ονειδοσ, ονειδιζο, ονειδισμοσ", *TWNT*, Bd. 5, 239.

[92] 3,15.

[93] E. Thurenysen, a.a.O., 25f.

*„Weisheit - damit ist bei Jakobus etwas unerhört Prakti-
sches gemeint. Es ist die Fähigkeit gemeint, von Augenblick zu Augenblick auch in schwersten Lagen, auch in
großer, täglicher Bedrängnis das Rechte zu finden und
zu tun, die rechte Entscheidung zu treffen, den rechten
Rat zu geben, den rechten Weg zu gehen."*[94]

Weisheit ist Erkenntnis des Kurses, den es zu wählen und
einzuhalten gilt, und Erkenntnis der Methode, wie das
Einhalten am besten geschieht.

Diese Aufforderung, um Weisheit zu beten, wird oft
im Sinne einer unmittelbaren Erleuchtung für den Augenblick bei schwierigen Entscheidungen missverstanden. So wird *Weisheit* aber mit *Weisung* verwechselt:
Nicht ich selbst finde die Lösung, sondern sie wird mir
von oben her zuteil. Weisheit ist jedoch das Gegenteil de-
legierter Eigenverantwortung. Weisheit ist die Fähigkeit,
die eigene Vernunft angemessen zu gebrauchen.[95] Das zu
lernen ist ein langer, durchaus krisenhafter Prozess. Darum steht die Bitte um Weisheit in unmittelbarem Zusammenhang mit dem Ziel der Geduld. Dem Gebet um In-
stantlösungen von oben, womöglich noch unter Verzicht
auf die eigene Vernunft, entspricht die paradoxe Bitte
„Gib mir Geduld, aber sofort!"

Gleichwohl schilt Gott auch den nicht, der so betet.
Und damit schwingt schon auch die Einladung mit, in
konkreten Notsituationen um konkrete, punktuelle *Weisung* zu bitten, durch einen günstigen Einfall oder eine
günstige Fügung. Aber das ist nicht die Hauptbedeutung
dieser Bibelstelle.

Die Grenzen der Fähigkeit zu eigenständiger Entscheidung aus Vernunft und Verstand heraus können aller-

---

[94] Ebd., 21.

[95] „Mit Weisheit meint er [...] das von Gott geläuterte Denken, das zur
rechten Beurteilung und Meisterung der Lebensdinge nötig ist." F.
Grünzweig, a.a.O., 25.

dings individuell höchst unterschiedlich sein. Darauf deutet hin, dass Jakobus den Satz mit „wenn" beginnt: Das meint einerseits „wann immer": Wann immer der Glaubende an seine individuelle Grenze stößt, darf er sich vertrauensvoll an Gott wenden, der keine Unterschiede zwischen „Wichtigerem" und „Unwichtigerem" macht, sondern ohne jeden Vorbehalt die individuelle Bedürftigkeit ansieht. Andererseits räumt Jakobus durch das „Wenn" ein, dass es eben innerhalb der Grenzen von Vernunft und Verstand sehr viel Raum für Entscheidungen gibt, die wir selbstbewusst und eigenständig ohne unmittelbare Eingebungen und Fügungen treffen können und sollen.

Jakobus kippt aber nicht in den Rigorismus humanistischer Selbstverantwortung um, der angesichts übermäßiger Leidenserfahrungen an seine Grenzen kommt, da er die damit verbundene fortschreitende Relativierung des Sinns nicht verhindern kann. Wer der ausschließlich menschlichen Horizontalperspektive verhaftet bleibt, kann sich nur begrenzt dazu aufschwingen, wirklich über den Dingen zu stehen, wenn die Enttäuschungen allzu heftig werden. Resignation mischt sich hinein. Relativismus und Nihilismus drängen sich auf. Dem stellt Jakobus sogleich mit Nachdruck entgegen, dass die Aufforderung zur Freude unter allen Umständen ihren sehr guten Grund in der Menschenfreundlichkeit des barmherzigen Gottes hat. Seiner tiefen Überzeugung nach ist darin der Cantus firmus der Lebensfreude begründet. Quelle und Kraft aller wahren Freude ist die vollkommen lebensbejahende Barmherzigkeit Gottes.

Verse 6-8: Das geteilte Herz

(6) Er bitte aber im Glauben und zweifle nicht; denn wer zweifelt, der gleicht einer Meereswoge, die vom Winde getrieben und bewegt wird. (7) Ein solcher Mensch denke nicht, dass er etwas von dem Herrn empfangen werde. (8) Ein Zweifler ist unbeständig auf allen seinen Wegen.

„Es ist eine bewunderungswürdige Eigenschaft um die göttliche Einfalt", schreibt Bengel in seinem Jakobuskommentar, „sie nimmt beim Geben keine Rücksicht auf größere oder geringere Würdigkeit der Empfänger, oder auf künftigen guten Gebrauch oder Mißbrauch der Gaben. Dieser göttlichen Einfalt entspricht hernach die Einfalt der Glaubigen, welche nicht falsch sind".[96] Falsch, also unwahrhaftig, ist die Zwiespältigkeit des Herzens. Das Geheimnis der Gebetserhörung ist die Kongruenz der Einfalt des Betenden mit der Einfalt Gottes. Die Einfalt des Beters ist ein Vertrauen ohne Wenn und Aber.[97] Der Zweifler empfängt nicht, weil er nicht empfangsbereit ist. Der Zweifler „schaut auf das Sichtbare und läßt dabei Gottes Zusage fahren. Aber so kommt man im Sichtbaren um."[98]

Bewährung des Glaubens (1,3) ist Vertiefung des Glaubens: Der Glaube bekommt Tiefgang. Der Tiefgang ermöglicht es dem Schiff, bei Wind und Wellen besser Kurs zu halten. Der bewährte Glaubende ist geradlinig und gelassen. Er hält den Kurs sowohl unbeirrt als auch unverkrampft. Oberflächlicher Glaube muss viel Mühe aufbringen, um Orientierung zu finden, die ihm aber nicht zuteil wird, weil er sich zu sehr von äußeren Einflüssen bestimmen lässt: Er ist hin- und her geworfen.

---

[96] J.A. Bengel, a.a.O., 714.

[97] „Der großen Güte und Bereitwilligkeit Gottes darf und soll auf menschlicher Seite voller und uneingeschränkter Glaube entsprechen".F. Hauck, a.a.O., 8.

[98] E. Thurneysen, a.a.O., 28.

Erst recht mühevoll wird das Leben eines Christen, wenn er diese Worte als Verbot des Zweifelns auffasst: „Wehe, du zweifelst! Dann ist Gott dir böse - und dann glaube nur nicht, dass du noch etwas von ihm erwarten darfst!" Diese schlimme Missverständnis entsteht, wenn nicht zwischen gesundem und ungesundem Zweifel unterschieden wird. Der gesunde Zweifel, für den in der Bibel Hiob das beste Beispiel ist, erhebt sich in den Grenzerfahrungen des Glaubens. Der gesund Zweifelnde ist nichts weiter als ehrlich und wahrhaftig. Er wird irre an Gott, weil er Gottes Handeln überhaupt nicht mehr versteht. Gesunder Zweifel ist Glaube in der Krise mit dem Ziel der Bewältigung. Zweifellos: Wer nicht zweifeln kann, der kann auch nicht richtig glauben, jedenfalls als Erwachsener nicht. Aber Zweifel ist kein Selbstzweck! Den biblischen Zweiflern ist gemeinsam, dass sie unter ihren Zweifeln *litten* und wirklich nach Gottes Antwort rangen.

Ungesunder Zweifel ersetzt die Bewältigung. Er bringt nicht weiter. Das Glaubensleben erübrigt sich im Hin- und Hergeworfensein. Solch einen Zweifler nennt Jakobus „einen Mann mit einer doppelten Seele"[99], kommentiert der Neutestamentler Adolf Schlatter (1852-1938) und übersetzt damit exakt das von Jakobus verwendete Wort *dipsychos*. Das ist der Zwiegespaltene: Ein Mensch, der die unversöhnte Widersprüchlichkeit in sich trägt und kultiviert, ein Mensch im Widerstreit zu sich selbst.

Der Gegenpart, die Einfalt, heißt in modernem Psychologendeutsch *Selbstkongruenz*. Das ist die Übereinstimmung mit sich selbst. Der Selbstkongruente ist bei sich selbst, steht zu sich selbst, kennt sich selbst und nimmt sich selbst an. Er ist im Frieden mit sich selbst. Er lebt selbstbestimmt.

Es lohnt sich an dieser Stelle, einem berühmten Zeit-

---

[99] A. Schlatter, a.a.O., 143.

genossen des Jakobus ein Ohr zu leihen. Lucius Annaeus Seneca (1-65 n.Chr.) war eine Zeit lang der einflussreichste Berater und Coach in den römischen Regierungskreisen. Mit seiner Denkweise ist er wie der oben erwähnte Epiktet der stoischen Philosophie zuzurechnen; heute würde er sich wahrscheinlich in der humanistischen Psychologie wiederfinden. Frühchristliche Seelsorger schätzten ihre stoischen Zeitgenossen, weil deren Sicht der Lebensbewältigung in großen Teilen der eigenen entsprach. Umgekehrt hätte Seneca dem Jakobusbrief wahrscheinlich weitestgehend zugestimmt, obwohl er ganz andere Gottesvorstellungen hatte. Seneca schreibt über Menschen, die im Widerspruch zu sich selbst leben:

„Solche leben nicht, wie sie wollen, sondern eben wie sie es von Anfang an gewöhnt sind. Es gibt unzählige Eigentümlichkeiten bei diesem Fehler, die Wirkung ist aber immer dieselbe: Unzufriedenheit mit sich selbst. Diese kommt aus Mangel an Selbstbeherrschung, aus Begierden ohne Entschlossenheit, wo man das, was man wünscht, gar nicht wagt oder es nicht erreicht. Solche Leute hoffen immer und sind immer wankelmütig und unbeständig, was notwendig der Fall ist, wenn man seinen Gelüsten nachhängt. Niemals haben sie einen festen Halt und zwingen sich oft zu schwierigen und häßlichen Dingen. Ist ihre Mühe ohne Erfolg, so quält sie die vergebliche Selbsterniedrigung [...]. Dann reut sie auch das ganze Unternehmen, und sie verlieren den Mut, etwas Neues anzufangen; es beschleicht sie das Schwanken des Gemütes, das keinen Ausweg sieht, weil es seinen Begierden weder gebieten noch gehorchen kann, das Tasten eines nicht zielbewußten Lebens und das Verkümmern eines unter vereitelten Wünschen erstarrenden Gemüts. [...] So entsteht der Überdruß, die Unzufriedenheit mit sich, das Schwanken einer haltlosen und gehaltlosen Seele, die mit ihrer freien Zeit nichts Rechtes anzufangen weiß. [...] Daher der Gram und das Dahin-

*siechen, das tausendfache Wogen eines unbeständigen
Gemütes, das bei jedem Unternehmen aufgeregt, bei jedem Mißlingen völlig niedergeschmettert ist."*[100]

Das ist eine psychologisch eindrucksvolle, prägnante Be-
schreibung eines Menschen, den Jakobus *„dipsychos"*
nennt.

Aus dem Zwiespalt der Seele entsteht die gespaltene,
schmähende Zunge, von der Jakobus im 3. Kapitel aus-
führlich reden wird.[101] Der Zwiespalt der Seele trägt den
Charakter des Unaufrichtigen und Destruktiven. „Solcher
Mensch denke nicht, dass er etwas von dem Herrn empfangen werde." Wer nicht zu sich selbst kommt, der
kommt auch nicht zu Gott, denn seine Unwahrhaftigkeit
ist dazwischen. Er ist unempfänglich für die Weisheit.

Verse 9-11: Der neue Blickwinkel

(9) Ein Bruder aber, der niedrig ist, rühme sich seiner Höhe;
(10) wer aber reich ist, rühme sich seiner Niedrigkeit, denn wie
eine Blume des Grases wird er vergehen. (11) Die Sonne geht
auf mit ihrer Hitze und das Gras verwelkt, und die Blume fällt ab
und ihre schöne Gestalt verdirbt: so wird auch der Reiche dahin-
welken in dem, was er unternimmt.

Gesunder Zweifel resultiert aus erniedrigenden Un-
rechtserfahrungen und wird zur besonders ernsten Anfechtung, wenn sie kein Ende haben. Jakobus empfiehlt
die präventive Strategie, „sich zu rühmen". Inhalt des
Rühmens ist für Erniedrigte der radikale Blickwechsel
weg von der *Ent*mutigung hin zur *Er*mutigung. Aus psychologischer Sicht sind das Maßnahmen der Kognitiven

[100] Seneca, L. Annaeus, *Vom glückseligen Leben und andere Schriften,*
Übers. n. L. Rumpel, Hg., Einführung u. Anm. P. Jaerisch (Philipp Reclam jun.: Stuttgart, 1996), 35f.

[101] Bengel stellt den Zusammenhang her: „Man könnte es übersetzen:
ein doppelherziger Mann, wie man auch sagt: doppelzüngig." J.A. Bengel, a.a.O., 715.

Therapie, die man dort als *Selbstverbalisation, kognitive Umstrukturierung* und *Reframing* kennt. Selbstverbalisation ist das, was ich mir in einer bestimmten Situation selbst sage, um Einfluss auf mein Fühlen und Handeln zu nehmen. Kognitive Umstrukturierung ist der Prozess der Veränderung ungünstiger Bewertungsmuster unseres Denkens und Reframing bedeutet, Situationen ganz bewusst in einen neuen Bezugsrahmen zu stellen, ihnen also eine neue, günstige Deutung zu geben, was für Jakobus grundsätzlich bedeutet, das Widrige „für lauter Freude" zu halten.

Wenn sich der niedrige seiner Höhe rühmt, sollte er allerdings auf dem Boden der Tatsachen bleiben. Ohne ein realistisches Konzept seiner spezifischen „Höhe" verpufft die Aufforderung im unrealistischen „positiven Denken". Um die Antwort zu finden, worin das Rühmenswerte seines Zustands tatsächlich besteht, braucht er jene Geduld und Weisheit. Jedenfalls ist das Rühmenswerte zugleich das Erfreuliche.

Jakobus gibt eine Hilfestellung zur Bewältigung dieser schweren Aufgabe, indem er auf das Problem des notvollen Vergleichens eingeht. Die Niedrigkeit wird vor allem durch den Kontrast zur Höhe anderer als Unrecht und Schmach erfahren. Jakobus relativiert den Unterschied, indem er auch den Hohen empfiehlt sich zu rühmen, nun allerdings ironisch. Der realistische Blick erkennt, wie vergänglich das Beneidenswerte der hohen Herrschaften ist, wie brüchig der scheinbar sichere Boden, auf dem sie stehen. So glücklich mögen sie gar nicht sein, wie sie scheinen, und der große Glanz ist ganz schnell dahin.

Nun ist auch ganz deutlich, dass Jakobus unter Niedrigkeit in erster Linie Armut versteht, denn die „Hohen" sind für ihn die Reichen.[102] „Geld und Geltung hängen

---

[102] „Unter Reichthum versteht er zugleich alles, was im Flor und erwünschtem Stande sich befindet." J.A. Bengel, a.a.O., 715.

zusammen; wenn man kein Geld hat, hat man keine Geltung."[103] Der weitere Verlauf des Briefes wird zeigen, dass er die großen sozialen Unterschiede in den Gemeinden als zentrales, kaum erträgliches Problem ansieht. Die Armen will er mit seinem Brief ermutigen, die Reichen konfrontiert er und weist sie scharf zurecht, die Hofierung der Reichen und die Verachtung der Armen durch den Mittelstand entlarvt er als Lieblosigkeit und Unwahrhaftigkeit.

„Alle Not kommt vom Vergleichen." Der Satz, den ich aus der Seelsorge kenne, ist zwar etwas steil, aber gleichwohl bedenkenswert. Die Not des Vergleichens wird groß, wenn das Vertrauen zum „Gebe-Gott" und das Selbstbewusstsein klein werden. Ziel der Seelsorge ist es, beides zu stärken. Ziel der Seelsorge ist aber auch die Überwindung erniedrigender Sozialstrukturen.

Vers 12: Die Krönung des Lebens

Selig ist der Mann, der die Anfechtung erduldet; denn nachdem er bewährt ist, wird er die Krone des Lebens empfangen, die Gott verheißen hat denen, die ihn lieb haben.

In diesem Zuspruch schwingt der Trost für den armen Lazarus[104] mit, dass sein Leid im Diesseits völlige Entschädigung erfahren wird, wenn er am Ziel ist. Jakobus wird aber falsch verstanden, wenn daraus ein Dogma der Vertröstung abgeleitet wird. Dann wird das Leben im Diesseits allzu jenseitsbezogen, der Lebensschwerpunkt verlagert sich von der Gegenwart auf eine imaginäre ferne Zukunft, das Hier und Jetzt wird nicht mehr ungeteilten Herzens ernstgenommen. Das kann sich nur ein Mensch erlauben, der aus gutem Grund mit dem diesseitigen Leben wirklich abgeschlossen hat, ein Mensch auf

---

[103] E. Thurneysen, a.a.O., 34.

[104] Lk 16,19-31.

der allerletzten Wegstrecke, dem hier nichts mehr zu tun übrig geblieben ist und den hier nichts mehr hält. Für jeden anderen ereignet und erfüllt sich das Leben aber nicht im Jenseits, sondern in der Gegenwart. Und davon redet auch Jakobus.

Die „Krone des Lebens" ist das, was dem Leben Sinn gibt, was es wirklich lebenswert sein lässt, das, was das Leben krönt, wirklich lohnendes Leben auf wahrhaftig hohem Niveau.[105] Jakobus spricht weiterhin zu beiden, den Armen und den Reichen. Die Armen sollen sich nicht durch den irrigen Gedanken verführen lassen, niveauvolles Leben hinge vom Geld ab, und die Reichen sollen sich nicht einbilden, der Besitz würde sie zu Menschen höheren Ranges machen. Denn die Krönung des Lebens kommt durch *Reifung* als Frucht der Bewährung zustande, durch das, was einer ist und nicht durch das, was er hat, und sie erweist sich darin, dass wir *menschlicher* werden. Die Krönung des Miteinanders ist echte Partnerschaftlichkeit in hoher Achtung und selbstverständlichem Vertrauen, die kein „Höher" und „Geringer" mehr kennt, wo einer dem andern in angstfreiem Klima mit seinen Gaben und Möglichkeiten dient, in fairem Geben und Nehmen.

Die Krone des Lebens ist das wahre, erfüllte Leben selbst. Der Reiche welkt in seinen Unternehmungen[106] dahin, statt darin aufzublühen, wenn die Krone des Erfolgs die Krone es Lebens ersetzt. Die Epidemie des Burnout ist zu einem großen Teil die Folge dieser Verwechslung. Und der Arme verbittert, wenn er den fehlenden Erfolg zum Maßstab seines Lebenswertes macht.

---

[105] „'Das Leben' ist inhaltliche Bestimmung dessen, was der Kranz ['Krone'] bedeutet. Es kann deshalb übersetzt werden: 'Er wird den Kranz, nämlich das Leben, empfangen.'" F. Grünzweig, a.a.O., 40.

[106] Vgl. V11. Nach Bengel möchte Jakobus hiermit andeuten, „wie mühsam der Betrieb ausgedehnter zeitlicher Geschäfte ist." J.A. Bengel, a.a.O., 715.

Verse 13-15: Versuchung und Sünde

(13) Niemand sage, wenn er versucht wird, dass er von Gott versucht werde. Denn Gott kann nicht versucht werden zum Bösen, und er selbst versucht niemand. (14) Sondern ein jeder, der versucht wird, wird von seinen eigenen Begierden gereizt und gelockt. (15) Danach, wenn die Begierde empfangen hat, gebiert sie die Sünde; die Sünde aber, wenn sie vollendet ist, gebiert den Tod.

Es ist bemerkenswert, dass Jakobus hier im Gegensatz zu vielen Seelsorgelehrern nach ihm nicht den Versucher schlechthin, den Teufel, ins Spiel bringt, wiewohl er davon ausgeht, dass es ihn gibt und dass er den Glaubenden zusetzt.[107] Weder Gott noch der Teufel versucht uns, sondern eine Macht in uns selbst: „die eigene Begierde". „Also müssen wir die Ursache der Sünde in uns, nicht außer uns suchen", kommentiert Bengel. „Hat es doch selbst mit den Einflüsterungen des Teufels keine Gefahr, ehe wir uns dieselben zu eigen machen."[108] Jakobus zufolge scheint es darum seelsorgerlich nicht wichtig zu sein, über dämonische Hintergründe der „Begierden" zu spekulieren. Entscheidend ist nicht die Frage, woher die Versuchung kommt, sondern wie wir damit umgehen.

Jakobus macht hier keinen Unterschied zwischen Versuchung und Anfechtung, denn er gebraucht dasselbe Wort wie in Vers 2. Das bedeutet zum einen, dass er die Anfechtungen (oder Versuchungen) nicht Gott zuschreibt, sondern den natürlichen Lebensumständen in dieser Welt, die nun einmal so ist, wie sie ist. Aber auch das „Gereiztwerden durch die eigene Lust" ist den „mancherlei" Anfechtungen zuzuordnen und wir sollen darum auch solche Erfahrungen für „lauter Freude" halten, weil wir dadurch geduldig, bewährt und stark werden. Das Spektrum der Anfechtungen umfasst also beides, die

---

[107] 2,19; 4,7.

[108] J.A. Bengel, a.a.O., 716; vgl. F. Grünzweig, a.a.O., 44.

äußeren Umstände und Vorgänge in unserer Seele.

Jakobus zeigt, wie aus der Anfechtung Sünde wird. Sünde bedeutet seiner Darstellung zufolge, dass die Anfechtung in uns eine Reaktion hervorbringt, mit der wir uns selbst und anderen Schaden zufügen und uns Gott entfremden. Wieder geht es um die Frage, wie wir die Anfechtung bewerten. Im Gegensatz zur Bewertung, sie sei „lauter Freude", steht die „Reizung durch die eigene Lust". Damit ist nicht die Lust schlechthin gemeint, sondern die böse, destruktive Lust, wie zum Beispiel die Lust, aus der Haut oder einem anderen an die Gurgel zu fahren. Wir ziehen in diesen Fällen aus der Anfechtung den Schluss, besser auf Selbstbeherrschung zu verzichten, um dem augenblicklich stark wirkenden emotionalen Impuls nachzugeben, den wir gerade empfinden. Das ist es, was Jakobus hier „Lust" nennt.

Wenn wir aus der Bewertung von Situationen emotionale Schlüsse ziehen, handelt es sich um *Denkvorgänge*. Es sind also unsere eigenen Gedanken, die dazu führen, dass aus der Anfechtung Sünde entsteht.[109]

Das Adjektiv „gereizt" ist noch exakter mit „herausgelockt und geködert" übersetzt. „Es ist das Bild einer Jagd, das Jakobus hier anwendet".[110] Wir sind versucht, den destruktiven Gedanken auf den Leim zu gehen. Wenn wir nicht aufpassen, tappen wir in ihre Falle. Sie sind einerseits ein Teil von uns, andererseits sind sie uns aber auch ganz fremd, ganz gegen uns, ganz feindlich. Adolf Schlatter schreibt zu dieser Stelle:

---

[109] Wenn wir hier unkommentiert den Begriff „Sünde" in psychische Zusammenhänge einfügen, dann folgen wir damit zunächst ganz einfach der Ausdrucksweise, die Jakobus gebraucht, wie auch bei den Worten „Anfechtung" und „Versuchung". Wir sagen aber genau dasselbe, wenn wir stattdessen psychologisch gebräuchliche Ausdrücke wie „Selbstschädigung", „Schädigung" und „destruktives Verhalten" verwenden.

[110] E. Thurneysen, a.a.O., 48.

„Unser Verlangen ist die Bewegung unserer eigenen Seele und doch uns noch fremd, noch nicht in unseren Willen und damit in den Kern unserer Person aufgenommen. Sie ist in uns als eine Regung, die in uns selbst erwacht, die wir nun aber beschauen, ob wir sie billigen oder verwerfen, ob wir ihr folgen oder sie wegstoßen. Geben wir den Widerstand gegen unser Verlangen auf, so dass es uns erfassen darf und zu unserem bewußten, entschlossenen Willen wird, dann empfängt die Begierde. Nun ist sie befruchtet, von uns selbst kräftig und wirksam gemacht, und das, was sie hervorbringt, ist nun Sünde, die verwerfliche Tat, die uns schuldig macht".[111]

Schlatter beschreibt damit die Grunddynamik selbstschädigenden Verhaltens, wie sie durch das systematische Vorgehen in der Kognitiven Therapie und Seelsorge analysiert wird. Nur sind seine Begriffe etwas unklar und missverständlich. So wenig wie die Lust an sich verwerflich ist, so wenig ist es das Verlangen. Schlatter meint wie Jakobus das böse, destruktive Verlangen, den Drang, auf unangemessene Weise zu reagieren, zum Beispiel mit übermäßiger Aggression, mit unangebrachtem Vermeidungsverhalten und mit selbstabwertender Depressivität.

Jakobus gebraucht das Bild der *Geburt* für den Übergang von der destruktiven Lust zur Sünde. „Die Geburt ist ein Vorgang, der sich mit unerhörter Notwendigkeit vollzieht."[112] „Die Begierde, die sich erst als lockende Macht in unserem Auge spiegelt, heißt Jakobus noch nicht Sünde", erklärt Schlatter. „Aber mit dem Wort Sünde benennt er hier unsere eigene, persönliche Tat."[113] Die Verfehlungen entstehen dadurch, dass wir „mit unserer Begierde eins werden und sie zu unserem Willen ma-

---

[111] A. Schlatter, a.a.O., 148f.

[112] E. Thurneysen, a.a.O., 51

[113] A. Schlatter, a.a.O., 149.

chen; damit gewähren wir ihr die Macht über uns und verhelfen ihr dazu, dass sie ihr Ziel erreicht."[114] Die Sünde entsteht zwingend durch unsere Einwilligung in die Versuchung. „Aus ihr erwächst, wenn sie fertig wird und ihr nichts widersteht, was sie hindert und heilt, der Tod."[115] Bengel schreibt: „Wenn die Sünde geboren wird, ist sie selbst schon mit dem Tode schwanger".[116]

Für die Seelsorge sind diese Aussagen aus zwei Gründen sehr wichtig: Erstens bedeutet sie, dass Sünde *tatsächliche* Lebenszerstörung ist. Sünde ist eine destruktive *Tat*, die in ihrer Konsequenz über kurz oder lang den Tod herbeiführt. Sünde ist in die *Tat* umgesetzte Lebensfeindlichkeit. Zweitens heißt dies somit, dass Sünde etwas *anderes* ist als „Lust", „Begierde" oder „Verlangen". Das ist vielen Christen nicht klar und sie bereiten sich und anderen darum große, völlig unsinnige Mühen. So wird etwa das Jesuswort „Wer eine Frau ansieht, ihrer zu begehren, der hat schon mit ihr die Ehe gebrochen in seinem Herzen"[117], meist so gedeutet, als sei das Gefühl der Lust bereits der Ehebruch. „Ansehen, um zu begehren" meint aber hier wie auch schon in den zehn Geboten[118] eine bewusste *Maßnahme*, um das begehrtes Ziel zu erreichen.[119]

---

[114] Ebd.

[115] Ebd.

[116] J.A. Bengel, a.a.O., 716.

[117] Mt 5,28.

[118] „Du sollst nicht begehren deines Nächsten Haus. Du sollst nicht begehren deines Nächsten Frau, Knecht, Magd, Rind, Esel noch alles, was dein Nächster hat." Ex 20,17.

[119] Theodor Zahn, *Das Evangelium des Matthäus*, Kommentar zum Neuen Testament, Hg. T. Zahn, Bd. 1, 2. Aufl. (A. Deichert'sche Verlagsbuchhandlung Nachf. Georg Böhme: Leipzig, 1905), 231f; Ulrich Luz, *Matthew 1-7: A Continental Commentary*, transl. by W.C. Linss (Fortress Press: Minneapolis, 1992), 294; Gerhard Maier, *Matthäus-Evangelium*, 1. Teil (Hänssler: Neuhausen-Stuttgart, 1979), 163.

Verse 16-17: Nicht Gott ist das Problem

(16) Irrt euch nicht, meine lieben Brüder. (17) Alle gute Gabe und alle vollkommene Gabe kommt von oben herab, von dem Vater des Lichts, bei dem keine Veränderung ist noch Wechsel des Lichts und der Finsternis.

Gott mutet uns die Widerwärtigkeiten des normalen Lebens in verschiedenen Dosierungen zu, damit wir geduldig, bewährt und stark werden. Insofern ist auch das von Gott zugelassene Übel „gute und vollkommene Gabe." Die Versuchung lässt uns daran irre werden.

Jakobus schreibt das den „geliebten Brüdern": Sein Motiv ist liebevolle Seelsorge, nicht harter Tadel. Denn er weiß, wie groß die Versuchung sein kann, aufgrund der Widerwärtigkeiten des Lebens an der Güte Gottes zu verzweifeln. Darum stellt er uns erneut sein absolut positives Gottesbild vor Augen und versichert uns damit: Unsere Zweifel an der Vertrauenswüdigkeit Gottes gehen nur aus unserem *eigenen* zweifelhaften Gottesbild hervor. Gott treibt keine sadistischenVersuchungsspiele mit uns, sondern er bleibt uns in unwandelbarer Treue liebevoll zugewandt. Nicht *Gott* inszeniert unsere Verwirrungen, sondern sie sind das Problem unseres *eigenen* Denkens. Schlatter schreibt: „Keine Fügung unseres Lebens wäre für uns versuchlich, wenn nicht unsere eigene Begierde sich an ihr entzündete".[120]

Gott ist die Liebe, Gott ist gut, Gott ist barmherzig, ganz und gar. Aber Gott lässt die mancherlei Anfechtungen zu. Wir sind sehr geneigt, aus dem erfahrenen Übel zu schließen, dass Gott selbst uns übel will. Aber damit schaden wir nur uns selbst. Wir erliegen der Versuchung. Sie erhält ihre Macht durch das negative Gottes-

---

[120] A. Schlatter, a.a.O., 149f. „Er ist lauter Licht. Kommen jene Wechselfälle vor, so betreffen sie uns, nicht aber den Vater der Lichter." F. Hauck, a.a.O., 11.

bild. „Sollte Gott gesagt haben?" So lautet die erste Versuchung[121]: Zweifel an seiner Vertrauenswürdigkeit.

„Gott betrügt und missbraucht mich!" Das ist nicht Erkenntnis der Wahrheit, sondern Selbstbetrug. Meine eigene „Begierde" lockt und reizt mich dortin. Sünde ist letztlich Unglaube im Sinne von Nicht-Vertrauen. Ob ich dem Betrug gehorche oder nicht, entscheide ich selbst. Jakobus fordert mich auf, mich auf keinen Fall, mit welchen Argumenten auch immer, in den Unglauben und damit unter die Herrschaft der Sorge treiben und knechten zu lassen.

Vers 18: Die Wahrheit setzt sich durch

Er hat uns geboren nach seinem Willen durch das Wort der Wahrheit, damit wir Erstlinge seiner Geschöpfe seien

Unter dem „Wort der Wahrheit" sind nicht Worte *über* die Wahrheit zu verstehen, sondern die Wahrheit selbst. Jakobus redet vom *„logos"* der Wahrheit. Der Logos ist viel mehr als nur ein geredetes Wort. „Logos" heißt auch „Sinn". Logisch ist, was dem Logos gemäß ist, etwa ein sinnvoller Satz. Der Logos ist das sinnhaft Überzeugende, zu dem wir zustimmend sagen: „Ja, das stimmt." „Wort der Wahrheit" meint darum die *Überzeugungskraft* der Wahrheit. „Die Überzeugungskraft der Wahrheit hat sich in uns gegen alle Widerstände durchgesetzt", will Jakobus hiermit sagen.

„Wer aus der Wahrheit ist, der hört meine Stimme", sagt Jesus zu Pilatus.[122] Dessen Entscheidung, Jesus zu verwerfen, geht die Entscheidung voraus, sich nicht zur Wahrheit zu bekennen. Die Wahrheit des Evangeliums eröffnet sich nur einem Menschen, der die Wahrheit wahrhaftig sucht. Der Zwiegespaltene, der von Gott nichts empfangen kann, verschließt sich der Wahrheit. Pi-

---

[121] Gen 3,1.
[122] Joh 18,37.

latus ist ein Musterbeispiel des Zwiegespaltenen. Er tut die Frage nach der Wahrheit achselzuckend ab.[123] Pilatus ersetzt die Wahrheit durch Macht. Aber Jesus lässt sich davon nicht beeindrucken: „Du hättest keine Macht, wenn es dir nicht von oben gegeben wäre."[124] Weil Pilatus die Wahrheit leugnet, bleibt er, im krassen Gegensatz zu Jesus, ohne innere Autorität. Wer sich der Wahrheit verschließt, der ergibt sich der Lüge. Obwohl Pilatus die Wahrheit unmittelbar vor Augen hat, leugnet er sie. Er verurteilt Jesus, obwohl er weiß, dass er unschuldig ist. Er lässt ihn bestialisch foltern und hinrichten, obwohl er seine wahre Menschlichkeit und wahrhaft königliche Autorität anerkennen muss. Jesus hingegen ist ganz und gar in der Wahrheit. Das macht ihn zum einzig wahren Menschen.

Wer die Wahrheit beharrlich sucht, gerät in einen Geburtsvorgang. Es wird sterbenseng für ihn. Er kämpft sich aus der Lüge heraus, die ihm doch vertrauten Schutz gewährte. Er kommt zu sich selbst. Die bergende Finsternis der Lüge zu verlassen, um mehr und mehr ins Licht der Wahrheit zu gelangen, erlebt der Mensch als existenzielle Krise. Das wird nicht ohne tiefsten Zweifel. Aber dieser Zweifel ist völlig anders als die Zwiegespaltenheit. Der Zwiegespaltene verschließt sich der Wahrheit. Er möchte um jeden Preis in der Lüge bleiben. Er kommt nicht zu sich selbst. Der andere Zweifler hasst die Lüge und ringt um die Wahrheit. Er bezweifelt, was ihm immer mehr ins Licht der Wahrheit rückt. Er durchleidet die Krise der radikalen Ehrlichkeit.

Wer mutig auf der Lichtspur der Wahrheit bleibt, wird ein „Erstling der Geschöpfe". Die Krone der Schöpfung ist der Mensch. „Erstling" der Geschöpfe zu sein bedeutet, Vor-Bild der Menschlichkeit zu sein. Jesus ist das

---

[123] Joh 18,38.
[124] Joh 19,11.

Vorbild aller Vorbilder der Menschlichkeit: „Seht, welch ein Mensch!"[125] Die Lichtspur der Wahrheit ist die Spur der Nachfolge: Wahrer Mensch zu werden so wie er. Das ist Gottes Wille und das bewirkt Gott in uns durch den Geburtsvorgang der Wahrheit. Jede wahre Erkenntnis Jesu bezeugt, dass die Geburt schon stattgefunden hat. Und doch müssen wieder neue Wehen einsetzen, damit wir noch wahrhaftiger werden. Darum fallen wir „in mancherlei" Anfechtung. Nur durch Krisenprozesse dringen wir noch tiefer in die Wahrheit ein. Nur das ist Heiligung. Und dazu brauchen wir sehr viel Geduld.

Verse 19-20: Die kommunikative Grundregel

(19) Ihr sollt wissen, meine lieben Brüder: Ein jeder Mensch sei schnell zum Hören, langsam zum Reden, langsam zum Zorn. (20) Denn des Menschen Zorn tut nicht, was vor Gott recht ist.

In den vorherigen Versen hat Jakobus die Geburtsvorgänge der Sünde und der Wahrheit gegenübergestellt. Jetzt zieht er die Schlüsse daraus für das Kommunikationsverhalten. Darauf wird er im Folgenden immer wieder zurückkommen, weil die Gemeinschaft der Christen am Kommunikationsverhalten hängt wie die Tür an der Angel.

Der Zwiegespaltene kommuniziert destruktiv; der Wahrhaftige hat die Möglichkeit, konstruktiv zu kommunizieren, sofern er sich an einige grundlegende Kommunikationsregeln hält. Wie wir miteinander kommunizieren, hängt von den innerpsychischen Vorgängen ab, die Jakobus in den Versen 14 und 15 beschrieben hat. Das greift Jakobus jetzt auf, indem er uns mahnt, „langsam zum Zorn zu sein", uns also nicht von der bösen Lust zur aggressiven Reaktion überwältigen zu lassen.

---

[125] Joh 19,5.

Wer schnell zum Hören und langsam zum Reden ist, der ist auch langsam zum Zorn: „Denn wenn man leidenschaftlich wird, dann steht man auf und sagt: Ich habe recht, der andere hat unrecht. Ich sehe den Weg, der andere sieht ihn nicht; ich habe die rechte Lehre, der andere hat sie nicht".[126]

Die Aufforderung, schnell zu hören und langsam zu reden, meint das Hören in den drei Bezügen auf Gott, den Mitmenschen und uns selbst. Es geht um *Achtsamkeit*. Achtsamkeit ist zunächst ein entschleunigendes beobachtendes Wahrnehmen, ein schweigendes Hinschauen und Hinhören ohne Kommentar und Bewertung, eine Übung des Stillseins, das Gegenstück zu Aktivismus, Hetze und Geschwätz. Der vorherrschende Kommunikationsstil in christlichen Gemeinden ist häufig unachtsam. Was Adolf Schlatter in der Auslegung dieses Verses vor 100 Jahren daran kritisierte, trifft auch heute noch für unzählige Gruppengespräche in den Gemeinden zu: „Jeder sagt seine Meinung, verficht seine Überzeugung und gibt seinen Rat; damit wird zugedeckt, was das göttliche Wort uns sagt und der göttliche Wille verlangt".[127]

Wirkliches Hören ist aktives Bemühen um Verständnis. Dazu müssen wir uns auf das Gehörte wirklich einlassen. Wirkliches Verstehen ist die unabdingbare Voraussetzung aller Seelsorge. Erst kommt das Hören, dann das Tun. Allerdings ist auch das Hören ein Tun, wenn auch ein Tun anderen Charakters. Konsequentes verstehendes Hören kann viel mehr Disziplin erfordern als Reden und Handeln. Darum ist es auch bis heute unter Christen selten anzutreffen, obwohl es bereits von Jakobus zur Grundregel des Gemeindelebens gemacht wurde. Das fehlende Hören ist der Hauptgrund für die vielen Feindschaften unter Christen, für die vielen Vorurteile

---

[126] E. Thurneysen, a.a.O., 63.

[127] A. Schlatter, a.a.O., 154.

untereinander und „der Welt" gegenüber, wie auch für den vielen übermäßigen Stress, mit dem Christen sich plagen.

Der Zorn, der Unrecht tut, ist der Zorn, der die Sünde geboren hat. Gefühle des Ärgers und der Wut sind nicht zu verwechseln mit den Taten des Zorns. Darum heißt es im Epheserbrief: „Zürnt ihr, so sündigt nicht."[128] Aggressive Gefühle sind notwendige Signale für veränderungsbedürftige Unstimmigkeiten! Aber die Frage ist immer, was wir mit ihnen machen: Verleiten sie uns zu destruktiven Reaktionen oder setzen wir sie konstruktiv um?

Vers 21: Selbstannahme und Veränderung

Darum legt ab alle Unsauberkeit und alle Bosheit und nehmt das Wort an mit Sanftmut, das in euch gepflanzt ist und Kraft hat, eure Seelen selig zu machen.

„Unsauber" ist der Zwiegespaltene. Sein Motiv ist unklar, denn unklar ist er selbst in seinen Zielen. „Unsauberkeit" ist das Mischprodukt des Hin- und Hergeworfenseins, der Mix aus Wahrheit und Lüge, die *Unehrlichkeit*. Verunreinigtes Hören und Reden ist instrumentalisiertes Hören und Reden: Ich höre nicht, um zu verstehen, sondern nur um zu reden und zu handeln, denn ich meine mich beweisen zu müssen, indem ich Wichtigkeiten von mir gebe. Wenn ich etwa ein seelsorgliches Gespräch führe, dann verwende ich das aktive Zuhören als Technik, um den andern einem Ziel zuzuführen, das ich ihm nicht verrate. Wenn er sich meiner Seelenführung widersetzt, kommt Zorn in mir auf, den ich aber leugne. Zorn ist das Gefühl der gekränkten Ehre. Da es mir insgeheim darum geht, mich selbst durch das seelsorgliche Gespräch wichtig zu machen, kann ich es nicht ertragen, darin nicht bestätigt zu werden. Wichtigtuerei ist heimliches Streben nach Ehre auf Kosten anderer. Das

---

[128] Eph 4,26; vgl. Ps 4,5 und Gen 4,7.

beste Beispiel für eine unsaubere, um nicht zu sagen schmutzige Seelsorge dieser Art sind die Freunde Hiobs.

Ablegen der Unsauberkeit ist Umkehr zur Einfalt. Einfalt als Selbstkongruenz bedeutet, dass mein *reales* und mein *ideales* Selbst übereinstimmen. Ich bin im Frieden mit mir selbst. Ich akzeptiere mich so, wie ich heute bin. Ich bemühe mich nicht darum, anders zu erscheinen als ich bin. In Frieden mit sich selbst zu sein ist etwas ganz anderes als *Selbstgefälligkeit*, die dadurch entsteht, dass ein Mensch sein gesundes Selbstideal aufgibt, indem er den Istzustand idealisiert. Er hat keinen Veränderungsbedarf. Die Spannung zwischen Sein und Sollen existiert nicht mehr. Er hat es nicht mehr nötig zu wachsen und zu lernen. Er weiß alles (besser). Eine weit verbreitete Form der Selbstgefälligkeit ist die *Spießbürgerlichkeit*.

Der Selbstkongruente bejaht hingegen beides: Dass er ist, wie er ist und das er nicht ist, wie er sollte. Das Soll ist ihm aber kein schweres Joch, sondern lohnendes Ziel. Der wahrhaftige selbstkongruente Mensch weiß, dass er nicht gut ist.[129] Aber die Güte ist sein lohnendes Wachstumsziel. Das gilt ihm für alle lohnenden Ziele im Leben, deren Erreichen stets damit beginnt, dass die Güte fehlt. Alles Lernen beginnt mit Versagen und besteht darin, trotzdem weiterzumachen und so das Versagen auf langem, mühsamem Weg Schritt für Schritt zu minimieren. Das gilt genauso für das Klavierspielen wie für die Moral. Als Menschen müssen wir moralisch angemessenes Verhalten mühsam lernen; man sagt „Erziehung" zu diesem Prozess. Es gibt aber einen wesentlichen Unterschied bei der Moral. Er liegt in ihrer Wirkung: Ein schlechter Klavierspieler geht allenfalls seinen Mitmenschen auf die Nerven, aber aus den moralischen Mängeln können die furchtbarsten Gräueltaten hervorgehen. Oder umgekehrt formuliert: Jede Unmenschlichkeit ist Folge eines morali-

---

[129] Rö 7,18.

schen Mangels.

Die Unmenschlichkeit ist das *Böse*. In jedem Menschen liegt das Potenzial zur *Bosheit* und jeder, der ehrlich ist, gibt zu, dass es allzu oft zur Tat wird. Dennoch gilt es, „alle Bosheit" abzulegen. Das Ablegen ist der lebenslange moralische Lernprozess. Wörtlich seht im griechischen Grundtext allerdings nicht „alle Bosheit", sondern „Überschuss" oder „Überfluss der Bosheit".[130] Somit unterscheidet Jakobus den Überschuss von einem akzeptablen, wenn auch unerfreulichen „Normalmaß".[131] Er schließt sich damit dem Spruch Jesu an, wonach das, was den Menschen unrein macht, „aus dem Herzen heraus" kommt: „böse Gedanken, Unzucht, Diebstahl, Mord, Ehebruch, Habgier, Bosheit, Arglist, Ausschweifung, Missgunst, Lästerung, Hochmut, Unvernunft. Alle diese bösen Dinge kommen von innen heraus und machen den Menschen unrein."[132] Das besagt, dass der einzelne Mensch für die Unmenschlichkeit seines Verhaltens selbst verantwortlich ist, weil er der destruktiven Begierde in sich selbst gefolgt ist, statt sie zu beherrschen und konstruktiv umzuwandeln. Ohne das in uns wohnende Potenzial zum Bösen, das in der Form destruktiver Gedanken in unserem Bewusstsein erscheint, käme es nicht zur bösen Tat. Der selbstkongruente Mensch nach Jakobus nimmt sich selbst mitsamt seinem lebhaft innewohnenden Potenzial zum Bösen an, aber er akzeptiert nicht, dass die destruktive Emotion in ihm überkocht und überfließt zu unmenschlichem Verhalten. Er weiß, dass die Aufgabe, seine Emotionen zu regulieren, langwierig und mühsam ist, aber er lässt um seines gesunden Selbstideals

---

[130] Gerhard Schneider, Art. „perisseia", *EWNT*, Bd. 3, 180.

[131] Nach Bengel ist zu übersetzen: „was zu viel und also böse ist." „Das griechische Wort bedeutet nicht sittliche Bösartigkeit, sondern einen Fehler, das Gegentheil von Tugend. So sagt man: was zu viel ist, ist vom Uebel". J.A. Bengel, a.a.O., 718.

[132] Mk 7,20-23.

willen, wie Jesus wahrer Mensch zu werden, nicht nach, daran zu arbeiten.

Das Wissen um das Potenzial des Bösen in uns ist ein gewichtiger Teil der „mancherlei Anfechtung", insbesondere, wenn wir gelehrt wurden, dass wir darum als ganze Menschen böse *sind*. Das führt zu lebensfeindlicher Selbstabwertung und Selbstanklage. Jakobus schiebt dem sofort dern Riegel vor: Wir sollen „sanftmütig" annehmen, was uns gesagt ist. Gesagt ist uns das Evangelium von der vollständigen Rechtfertigung des Sünders ohne jegliche Vorbedingung. Jakobus kommt damit wieder auf das absolut positive Gottesbild zurück: Wir sind von Gott genau so und ohne Einschränkung angenommen, wie wir sind. Alle Sünde, das ist alles, was als Anklage gegen uns verwendet werden könnte, ist vergeben.

„Es ist eingepflanzt, mithin ist es den Glaubigen auf's Innigste verwandt", schreibt Bengel.[133] Es ist also das Wort des Trostes in uns selbst, Gottes Zuspruch, der sich von dem, was wir uns selbst zur Ermutigung sagen, kaum noch unterscheiden lässt. Das Evangelium mit „Sanftmut" anzunehmen heißt, es sich gern und eindringlich sagen zu lassen, um es ganz zu verinnerlichen und das Wenn und Aber des inneren Widerstands dagegen mehr und mehr zu überwinden.[134]

Das „eingepflanzte" Wort des Evangeliums ist die wahre Alternative zur destruktiven Begierde, weil es immer neu in die Freiheit der Achtsamkeit und Weisheit zurückführt, im Vertrauen darauf, dass sich die Geduld lohnt und die Weisheit einen sehr guten Weg finden wird, weil unser ungeteilt zugewandter, persönlicher Gott uns beides schenkt. Das macht die Seele „selig": das tröstet und ermutigt wirklich und ganz.

---

[133] J.A. Bengel, a.a.o., 718.

[134] E. Thurneysen, a.a.O., 64f; F. Grünzweig, a.a.O., 57.

Verse 22-24: Hören, um zu handeln

(22) Seid aber Täter des Worts und nicht Hörer allein; sonst betrügt ihr euch selbst. (23) Denn wenn jemand ein Hörer des Worts ist und nicht ein Täter, der gleicht einem Mann, der sein leibliches Angesicht im Spiegel beschaut; (24) denn nachdem er sich beschaut hat, geht er davon und vergisst von Stund an, wie er aussah.

Jakobus ersetzt das Hören nicht durch das Handeln, sondern es ist ihm die Voraussetzung des Handelns. Nur der Hörende handelt recht! Wer nur Hörer des Evangeliums bleibt und nicht zum Täter wird, der hat gar nicht wirklich gehört. Wer „schnell zum Hören und langsam zum Reden" ist, der lässt das, was er hört, erst einmal ganz bei sich ankommen. Es darf Platz nehmen in ihm. Er lässt es sprechen, er nimmt es auf. Er lässt sich persönlich *an*sprechen. Es darf sich einpflanzen in ihn. Erst dann redet und handelt er, vorausgesetzt, es gibt etwas zu sagen und zu tun. Er lässt sich Zeit, er widersteht der Ungeduld. So wird sein Reden und Handeln authentische Antwort auf das Gehörte. Das und nur das ist es, was die Bibel unter „Gehorsam" versteht.

Gottes Wort kommt „nicht über uns wie ein Bergsturz oder ein Erdbeben mit blinder Gewalt", sagt Thurneysen.[135] Es ergreift nicht diktatorisch Besitz von uns. Es kommt dialogisch und lässt uns die Freiheit, hinzuhören oder nicht. Das ist die Freiheit der eigenen Verantwortung. Es ersetzt nicht Verstand und Vernunft, sondern es regt uns zum Nachdenken an. Es veranlasst uns zur Selbstreflexion.

Wir erkennen „stückweise", schreibt Paulus. „Wir sehen jetzt durch einen Spiegel ein dunkles Bild".[136] Die antiken Spiegel waren nicht so gut wie die heutigen. Man musste schon genau hinsehen, um mehr als einen ober-

---

[135] E. Thurneysen, a.a.O., 75.
[136] 1Kor 13,12.

flächlichen Eindruck zu erhalten. Das Hören, von dem Jakobus spricht, ist ein intensives selbstreflektierendes Schauen, das trotz aller Einsicht immer fragementarisch bleibt.

Gottes Wort ist weder die Aneinanderreihung der Buchstaben in der Bibel noch deren monologische Auslegung durch die Prediger, sondern es ist sein *Reden*. Sinnvolles Reden ist immer dialogisch: Anrede, Ansprache. Der Sinn der Ansprache liegt darin, dass ich mich persönlich angesprochen fühle. Die Heilige Schrift wird mir dann zur Rede Gottes, wenn ich mich angesprochen fühle. Die Leitfrage des Hörens lautet somit: „Was spricht mich an?" Dazu muss ich allerdings bereit sein, mich vorbehaltlos ansprechen zu *lassen*. Das Angesprochensein bewegt mich zur Antwort.

„Er heißt es einen Selbstbetrug, wenn wir uns in unserem Hören gefallen, uns deshalb fromm dünken und doch das Wort nicht tun", schreibt Schlatter.[137] Selbstbetrug ist es, weil wir uns durch das oberflächliche Hören um den Ertrag des Hörens bringen, der erst durch die dialogische Selbstreflexion zustande kommt. Der Ertrag ist Selbsterkenntnis. Die Bibelkommentare verstehen darunter meist einseitig die Erkenntnis jener „Unsauberkeit" und „Bosheit", also das, was man als „Sündenerkenntnis" bezeichnet. Manche Seelsorgerlehren haben diese Vereinseitigung zum Programm gemacht. Aber das erste Ziel der Selbsterkenntnis ist nicht die Reinigung von den „Flecken unseres Wesens"[138], sondern dass wir ein realistisches Bild von uns selbst bekommen und uns selbst so annehmen, wie wir sind. Dann sehen wir beides: Was uns fehlt und was uns gegeben ist. Wir können das, was uns fehlt, nur überwinden, wenn wir das in uns fördern, was uns gegeben ist. Das Resultat der realistischen

---

[137] A. Schlatter, a.a.O., 156.

[138] F. Hauck, a.a.o., 13.

Selbstreflexion ist ein gesundes Selbstbewusstsein. Wir betrügen uns selbst, wenn wir uns dem Spiegel verweigern. Wir entziehen uns der Wahrheit.

Täter zu sein bedeutet Verantwortung zu übernehmen. Ich gebe der passiven Opferhaltung den Abschied und nehme die Herausforderung meines Lebens an, so wie sie sich mir darstellt. Im Vertrauen darauf, dass Gott Weisheit und Geduld in mir wachsen lässt, wage ich es, mutig den mancherlei Anfechtungen zum Trotz selbständig die Entscheidungen zu treffen, die mich meinem gesunden Selbstideal näher bringen.

Darin hat die Seelsorge ihren Sinn. Seelsorge ist Hilfe zur Selbsterforschung[139], damit sich ein Mensch aus der Selbsterkenntnis heraus auf sein gesundes Selbstideal hin verändern kann.

Vers 25: Der wahre Durchblick

Wer aber durchschaut in das vollkommene Gesetz der Freiheit und dabei beharrt und ist nicht ein vergesslicher Hörer, sondern ein Täter, der wird selig sein in seiner Tat.

Weil es uns in die wahre Freiheit selbstbewussten, eigenverantwortlichen Entscheidens führt, nennt Jakobus das Evangelium „das vollkommene Gesetz der Freiheit".[140] „Vollkommenes Gesetz" ist es, weil wir darin alle notwendigen Gesetzmäßigkeiten eines Lebens in wahrer Freiheit finden. Im Unterschied zu philosophischer und psychologischer Literatur finden wir sie im Evangelium in vollkommener Weise, weil dort so klar und eindringlich wie nirgends sonst die absolut positive Vorstellung des Liebe-Gottes vermittelt wird, der vorbehaltlos und ungeteilt für jeden Menschen da ist, um ihm alle Unter-

---

[139] Der psychologische Fachbegriff dafür heißt „Selbstexploration".

[140] „Das Gesetz mach Den [sic!], der es befolgt, zu einem Freien. So redeten die Stoiker von dem Weisen, der dem Gesetz Gottes gehorcht, als dem wahren Freien". F. Hauck, a.a.O., 13.

stützung zu gewähren, das Ideal der Freiheit zu verwirklichen.

Wenn das Evangelium nicht als das Grundgesetz der Freiheit verstanden wird, dann wird es als eine *Gesetzlichkeit* missverstanden. Jede religiöse Gesetzlichkeit hat zum Thema, was man tun und lassen muss, um Gott zu gefallen, und mit welcher Strafe man zu rechnen hat, wenn man ihm nicht gefällt. Das Gesetz der Freiheit hebt die Gesetzlichkeit auf.

Das „Durchschauen" ist wörtlich ein „Hineinschauen": „Das griechische Wort begreift das Erforschen einer verborgenen Sache in sich, da man in's Innere eindringt", erklärt Bengel,[141] und Thurneysen bemerkt dazu: „Wörtlich übersetzt bedeutet der Ausdruck: 'sich hineinbücken', und es ist das gleiche Wort, das in der Ostergeschichte bei Lukas gebraucht wird von Petrus, wie er sich hineinbückt in das Grab Christi und dort sehen darf: Das Grab ist leer! Jesus ist Sieger!"[142] Um auch die subtilen Gesetzlichkeiten der Schriftauslegung, deren Zahl Legion ist, zu überwinden, müssen wir tief und beharrlich in die Texte hineinschauen, damit ihr Geist uns erfasst und wir nicht an sperrigen Buchstaben hängen bleiben. Offenbar ist auch das ein langer Weg, der viel Aufmerksamkeit und Geduld erfordert.

Aber um des Ziels willen lohnt sich die Mühe: „der wird selig sein in seiner Tat." „Beatus", wird er sein, sagt die lateinische Bibel: schlicht und einfach glücklich. Der Jakobusbrief ist eine Anleitung zum wahren Glück. Wahres Glück ist dort, wo wahre Freiheit ist. Wahre Freiheit ist dort, wo wahre Liebe ist. Wahre Liebe ist dort, wo der wahre Gott ist. Der wahre Gott begegnet uns im Evangelium. Wenn wir uns tief hineinbücken, um tief hineinzuschauen.

---

[141] J.A. Bengel, a.a.O., 719.

[142] E. Thurneysen, a.a.O., 77.

Verse 26-27: Der wahre Gottesdienst

(26) Wenn jemand meint, er diene Gott, und hält seine Zunge nicht im Zaum, sondern betrügt sein Herz, so ist sein Gottesdienst nichtig. (27) Ein reiner und unbefleckter Gottesdienst vor Gott, dem Vater, ist der: die Waisen und Witwen in ihrer Trübsal besuchen und sich selbst von der Welt unbefleckt halten.

„Täter des Worts" kann Jakobus zufolge nur ein Mensch sein, der seine Zunge im Zaum hält. Seine Zunge hält im Zaum, wer seine Emotionen kontrolliert, so dass sie ihm dienen, statt über ihn zu herrschen.[143] Die schlimmere Zügellosigkeit der Zunge ist aber ihre Spaltung. Unbeherrschtheiten können immerhin ehrlich sein und insofern auch der Wahrheit dienen. Aber das unehrliche Reden der gespaltenen Zunge dient dazu, die Wahrheit zu übertünchen. Am schlimmsten ist es, wenn das im Namen Gottes geschieht. „Wenn wir uns aber dadurch eine fromme Haltung geben, dass wir uns selbst betrügen, dann tragen wir auch im Verkehr miteinander die frommen Masken und bauen unsere Gemeinschaft miteinander auf den Schein",[144] schreibt Schlatter dazu. Thurneysen formuliert es noch schärfer:

„Gerade wenn wir fromm reden, wenn wir von göttlichen Dingen miteinander sprechen, wenn wir einander bekehren möchten, gerade dann kann besonders schlimm an den Tag kommen die ganze furchtbare Art, in der wir uns selber durchsetzen gegeneinander, die ganze Härte und Lieblosigkeit und Spottsucht, in der wir einander herunterrreißen, in der wir uns gegenseitig verachten und überhöhen und übertrumpfen möchten".[145]

---

[143] Vgl. Prd 5,1; Mt 12,34.

[144] A. Schlatter, a.a.O., 160.

[145] E. Thurneysen, a.a.O., 84.

Das unwahrhaftige fromme Gerede, alles Kanzelge-schwätz inbegriffen, kontrastiert Jakobus nun mit *wahr-haftigem* Gottesdienst: Es ist kein Gottesdienst der leeren Worte, sondern es ist ein Gottesdienst der *Tat*. Wer durchschaut in das vollkommene Gesetz der Freiheit, der findet dort den Mitmenschen. Er sucht und findet ihn hö-rend und verstehend. So wie er vor seiner eigenen Wahr-heit nicht zurückschreckt, so auch nicht vor der seines Nächsten. Da ereignet sich echter seelsorgerlicher Durch-blick, der etwas ganz anderes ist als der diagnostische Röntgenblick des Besserwissers im seelsorgerlichen Ge-wand. Es ist nicht Besserwissen, sondern Mitwissen, mit-fühlendes Mitbetroffensein. Das ist der Gottesdienst, der nicht durch Lüge befleckt wird.

Die „Waisen und Witwen in ihrer Trübsal" stehen exemplarisch für „angefochtene, von aller Welt verlasse-ne Leute, dergleichen Witwen und Waisen oft sind, aber auch andere seyn können".[146] Sie besuchen heißt wörtlich „nach ihnen sehen"[147] und meint, mit Bengels Worten: „Nach ihnen sehen, auch wenn sie uns nicht unmittelbar angehen; mit Rath, Trost, Wohltaten, auch ungerufen".[148] Es ist sehr bemerkenswert, dass Jakobus also explizit den *seelsorgerlichen Besuchsdienst* als zentrales, herausragendes Merkmal wahrhaftigen Gottesdienstes benennt. Aber wo gibt es eine Gemeinde, die das tatsächlich als Hauptauf-trag und Gütesiegel ihrer Glaubenspraxis wahrnimmt?

Jakobus geht es nicht um diakonischen Aktivismus, sondern um tätige Achtsamkeit: Durchzuschauen bis zum Herzen des andern, zu hören und zu schauen, um ihn verstehen zu können, so wie er selbst verstanden wer-den möchte. Dann wird auch klar, welche Hilfe er braucht.

---

[146] Sie sind besonders hilfsbedürftig, wie sie rücksichtsloser Rechtsver-letzung am meisten ausgesetzt sind". F. Hauck, a.a.O., 14.

[147] F. Grünzweig, a.a.O., 63.

[148] J.A. Bengel, a.a.O., 720.

Wenn Jakobus noch anfügt, dass dieser „reine und un-
befleckte Gottesdienst" auch beinhaltet, „sich selbst von
der Welt unbefleckt zu halten", dann kann das aus dem
Zusammenhang heraus nur bedeuten, dass er mit „Befleckung" eine Herzenshaltung meint, die solchem Gottesdienst krass entgegensteht. Jakobus fordert uns auf,
„nicht nur die Witwen und Waisen zu besuchen, sondern
uns von diesem harten, furchtbaren Sich-selber-durchset-
zen-Wollen nach der Weise der Welt unbefleckt zu erhalten", schreibt Thurneysen angesichts der Grausamkeiten
des Zweiten Weltkriegs.[149] „Die Welt" ist für Jakobus
das, was „in aller Welt" gang und gäbe ist, das Gegenstück zu allem, wovon dieses Kapitel handelte: Unacht-
samkeit, heilloser Aktivismus und Egoismus, Gespaltenheit des Herzens, Unwahrhaftigkeit und Flucht vor der
Wahrheit, Gleichgültigkeit und Lieblosigkeit.

---

[149] E. Thurneysen, a.a.O., 91.

Zweites Kapitel

Vers 1: Der Schein trügt

Liebe Brüder, haltet den Glauben an Jesus Christus, unsern Herrn der Herrlichkeit, frei von allem Ansehen der Person.

Für uns ist das Wort „Person" fast gleichbedeutend mit „Mensch". Das Bedeutungsspektrum des Wortes *persona*", aus dem „Person" hervorgegangen ist und das die lateinische Bibel hier verwendet, reicht aber viel weiter. Es kann auch eine Maske, eine Rolle und einen öffentlichen Rang bezeichnen. Persona ist das, was ein Mensch nach außen hin darstellt. Das Ansehen der *Person* verhindert es, den nächsten *Menschen* anzusehen und ihm das Ansehen zu geben, das ihm gebührt. Der Glaube bleibt nur frei, wenn er *davon* frei bleibt. Das Gesetz der Freiheit gebietet es.

Damals war es nicht anders als heute: Das öffentliche Ansehen der Person wurde sehr durch Stand, Amt, Titel, Geld und Erfolg bestimmt. Jakobus dringt darauf, dass sich die Christen davon nicht beeindrucken lassen, denn sie folgen sonst der Lüge und fördern dadurch das Unrecht. Auszubaden haben es immer die Menschen, denen das Ansehen fehlt.

Das „Ansehen der Person" ist ein wesentlicher Grund dafür, dass wir nur Hörer des Wortes sind und nicht auch Täter, denn damit verschließen wir uns dem Willen Gottes, der sich nicht vom äußeren Schein blenden lässt, sondern den einzelnen Menschen so sieht, wie er *wirklich* ist, um ihm das zu geben, was er *wirklich* braucht.

Nicht zufällig nennt Jakobus hier Jesus Christus „unsern Herrn der Herrlichkeit". Der Herr der Herrlichkeit beansprucht die Herrlichkeit für sich allein, weil er der wahre Mensch ist, so ganz anders als die Herren der Welt. Jakobus kontrastiert die Herrlichkeit Jesu mit der Herrlichkeit der Herren und Damen, die ihres äußeren

Scheins wegen verehrt werden.[150] *„Doxa"*, das Wort für „Herrlichkeit" im griechischen Text, bedeutet „Glanz" und „Schein" sowohl im positiven als auch im negativen Sinn. Oft wird *„doxa"* auch kritisch für eine (falsche) „Meinung" im Gegensatz zum Wissen gebraucht. Jakobus will sagen: Von Jesus dürft ihr gern die allerhöchste Meinung haben, aber seid vorsichtig dem äußeren Schein der Menschen gegenüber. Die Herrlichkeit der angesehenen Damen und Herren verdeckt und verfremdet den wahren Glanz des *einen* Herrn Jesus Christus.

Wenn wir den Wert anderer Menschen ihrer äußeren Erscheinung wegen überhöhen, dann tun wir das, weil wir uns mit ihnen *vergleichen*. Insgeheim wären wir selbst gern so, wie sie scheinen. Der Vergleich lässt uns schlecht abschneiden: Sie haben etwas, das uns fehlt, um gleichermaßen ehrenwert zu sein. Die Überhöhung des Wertes anderer Menschen geht mit unserer Selbstabwertung einher. Der Grund dafür ist unsere Zwiegespaltenheit. Wir sind nicht einverstanden mit unserem realen Selbst und verfolgen ein Selbstideal, das im Gegensatz dazu steht.

Alle autoritären Systeme, in denen das Gesetz der Freiheit durch Abhängigkeiten ersetzt wird, funktionieren nur auf diese Weise. Machtmissbrauch ist nur möglich, wenn Menschen sich falscher Ehrerbietung wegen missbrauchen lassen. „Die Grundlage des Mächtigsten und Wichtigsten auf Erden ist die Schwäche", schrieb Blaise Pascal und meinte damit diese *innere* Schwäche, die angemaßte Stärke der Mächtigen zu ermöglichen und zu verehren. „Und dieses Fundament ist bewunderungswürdig sicher, denn es gibt nichts, was sicherer wäre als das: dass das Volk immer schwach sein wird."[151] Das gilt auch für die Kirchenvölker. Albert Einstein sagte es

---

[150] „Mit solcher Herrlichkeit der Glaubigen läßt sich keine Ehre in der Welt vergleichen". J.A. Bengel, a.a.O., 720.

[151] Blaise Pascal, *Gedanken: Eine Auswahl*, übersetzt, hg. u. eingeleitet v. E. Wasmuth (Philipp Reclam jun.: Stuttgart, 1979), 86.

knapp und präzise: „Autoritätsdusel ist der größte Feind der Wahrheit".[152]

Verse 2-4: Ein Fallbeispiel

(2) Denn wenn in eure Versammlung ein Mann käme mit einem goldenen Ring und in herrlicher Kleidung, es käme aber auch ein Armer in unsauberer Kleidung, (3) und ihr sähet auf den, der herrlich gekleidet ist, und sprächet zu ihm: Setze du dich hierher auf den guten Platz!, und sprächet zu dem Armen: Stell du dich dorthin!, oder: Setze dich unten zu meinen Füßen!, (4) ist's recht, dass ihr solche Unterschiede bei euch macht und urteilt mit bösen Gedanken?

Das ist die „Befleckung mit der Welt", von der Jakobus gerade schrieb, denn so *verhält* sich alle Welt. Entweder ist die Kirche der *Gegensatz* zu aller Welt, und zwar genau an diesem Punkt, oder sie ist ein Allerweltsverein, ein Club unter sehr vielen anderen mit speziellen religiösen Interessen, der nur dann von sich reden macht, wenn er so mächtig auftritt wie die anderen Mächtigen.

Jakobus ist kein frühsozialistischer Ideologe; er betreibt keine pauschale Reichenschelte. Sein Fallbeispiel, das er sicher der Realität entnahm, lässt offen, ob der Mann mit dem goldenen Ring in der herrlichen Kleidung ein Reicher ist. Aber er *scheint* so und das ist es, worauf es Jakobus ankommt. Er ist eine Person, die durch ihre äußere Erscheinung großen Eindruck macht. Es ist eine Anfechtung für die Gemeinschaft der Christen, nicht mit Glanz und Glimmer aller Welt mithalten zu können. Viele Gemeinden setzen darum wie alle Welt auf die beeindruckende äußere Erscheinung, und der Erfolg scheint ihnen Recht zu geben. Nicht zuletzt deswegen weist die Gemeinschaft der Christen gern den erfolgreichen Performancekünstlern den „guten Platz" in den ersten Reihen

---

[152]Albert Einstein, zit. in: Armin Hermann, *Einstein: Der Weltweise und sein Jahrhundert. Eine Biographie,* ungekürzte Taschenbuchausgabe (Piper: München, 2004), 102.

zu: Sie sind geachtet und gefragt. Auch die mit den weißen Westen sitzen dort. Sie haben es bequem in der Gemeinde. Nicht so die unsauber erscheinenden Armen, die
nicht damit prahlen können, dass sie der Herr mit Erfolg
gesegnet hat und die es nicht schaffen, ihre Fragwürdig-
keiten in den Schein lückenloser Tadellosigkeit zu hüllen.
Eigentlich sind sie unerwünscht, doch man duldet sie
gnädig. Einen angesehenen Platz haben sie nicht in der
Gemeinde, ein Stehplatz wird ihnen eingeräumt. Sie dürfen dabei sein, aber nur am Rand, ohne zu stören. Am
schicklichsten ist es, wenn sie sich zu Füßen der Ehrenwerten auf den Boden setzen und dadurch wie in aller
Welt das System bestätigen: Ihr seid oben, wir sind unten, und so hat es Gott gewollt.

Es ist die Perversion des Gottgewollten: Ein Urteilen
„mit bösen Gedanken" - Vorentscheidungen aus dem
oberflächlichen Vorurteil, nicht aus wahrem Hören und
Schauen heraus.[153] Grünzweig übersetzt: Ihr seid „mit
euch selbst in Widerspruch geraten und Richter mit bösen Gedanken".[154] Böse sind solche Gedanken, weil das
böse Verhalten aus ihnen geboren wird: Begehrlichkeiten
des Herzens wie Neid, Geltungsverlangen und die Lust
zur Macht, in die wir eingewilligt haben. Das geteilte
Christenherz bekennt sich einerseits mit großen Tönen
zur allumfassenden Liebe Gottes, andererseits misst es
mit zweierlei Maß und verachtet das dem Augenschein
nach Geringere. Aus der Gespaltenheit der Herzen gehen
die Spaltungen der Gemeinden hervor. Das war offenbar
bereits in der *ersten* Christengeneration ein ernstes Problem! Und ist es bis heute geblieben.

„Für alle Zeiten schärfen diese Worte der Christenheit
das Gewissen zu echt sozialer Haltung", resümiert

---

[153] „So seid ihr zu Richtern geworden, welche ein Erkenntniß fällen;
ehe man entscheidet, muß man zuvor prüfen, und das habt ihr unterlassen". J.A. Bengel, a.a.O., 720f.

[154] F. Grünzweig, a.a.O., 71.

Hauck[155]. Wenn es denn scharf geworden ist. Scharf kann es werden, wenn Kirche sich nicht als ein Wohltätigkeitszentrum versteht, wo sich saubere Reiche gnädig zu unsauberen Armen herabbeugen, sondern als der Ort in der Welt, an dem die Erniedrigten erhöht und die scheinbar Hohen sich ihrer wahren Niedrigkeit bewusst werden. Der Ort, an dem es kein höher und niedriger mehr gibt, sondern wo sich alle in gleicher Achtung auf Augenhöhe begegnen. Das ist Sinn und Ziel der Seelsorge.

Vers 5: Innere Unabhängigkeit

Hört zu, meine lieben Brüder! Hat nicht Gott erwählt die Armen in der Welt, die im Glauben reich sind und Erben des Reichs, das er verheißen hat denen, die ihn lieb haben?

Der Spruch fordert Arme und Reiche gleichermaßen heraus. Woran hängt dein Herz? Vertraust du Gott wirklich von *ganzem* Herzen? Oder ist dein Herz geteilt: Gern vertraust du ihm in allen möglichen Dingen, aber beim *Geld* hört der Spaß auf?

Bengel kommentiert: „Ein frommer Reicher weiß seinen Reichthum zu verläugnen; ein gottloser Armer weiß die Vortheile der Armuth nicht zu schätzen".[156] Geiz und Sorge sind die destruktivsten Kräfte in aller Welt. Beide entspringen dem gespaltenen Herzen, das meint, sich selbst absichern zu müssen, weil es nicht an den Gebe-Gott glaubt. Zur ungeteilt positiven Gottesvorstellung passt nur ungeteiltes Vertrauen.

Jakobus glorifiziert weder die Armut noch verdammt er den Reichtum. Aber unterscheidet klar: Die wirtschaftlichen Verhältnisse gehören zu den *äußeren* Dingen. Wer im Gesetz der Freiheit lebt, lässt sich aber nicht durch Äußerlichkeiten binden. Geiz und Sorge streben nach dem

---

[155] F. Hauck, a.a.O., 16.
[156] J.A. Bengel, a.a.O., 721.

Haben, das ungeteilte Herz lässt sich am *Sein* genügen. Der reiche Arme hält unbeirrt daran fest, dass er von Gott erwählt ist, um in echter Unabhängigkeit von Geld und Besitz reich zu sein, anders reich als alle Welt, reich als wahrhaft freier Mensch, den die Sorge nicht bezwingen kann. Reich in dankbarer Gegenwärtigkeit. Reich in der Selbstvergessenheit des spielenden Kindes, das ganz dem Heute hingegeben ist, erwählt allein zum Leben. Reich bin ich, weil ich heute *leben* kann! Dem Geiz und der Sorge ist das Leben nicht genug. Doch weil die Gier nach dem Haben das Leben verachtet, ist sie dem Leben feind. Was aber dem Leben feind ist, das steht im Bündnis mit dem Tod. Dem Mammon dienen heißt dem Tod dienen.[157] Dem Leben dienen heißt Gott lieben.

Die „Erben des Reichs" Gottes sind nicht nur passive Nutznießer, sondern mehr noch aktive Teilhaber. „Reich Gottes" ist nichts anderes als die Verwirklichung wahrer Humanität. Die Hoffnung auf das Kommen des Reiches Gottes ist die Hoffnung, dass die Menschen endlich *menschlich* werden. Wer innerlich unabhängig ist vom Haben und Gelten, um sich ungeteilten Herzens dem Leben zu widmen, der hat Macht in diesem Reich, als menschlicher Mensch, als Mensch des Friedens, als echter Freund des Lebens.

Verse 6-7: Widerspruch gegen den Ungeist

(6) Ihr aber habt dem Armen Unehre angetan. Sind es nicht die Reichen, die Gewalt gegen euch üben und euch vor Gericht ziehen? (7) Verlästern sie nicht den guten Namen, der über euch genannt ist?

Vor allem geht es um die Ehre. Geehrt werden heißt geachtet werden. Geachtet werden heißt, nicht nur am Rand

---

[157] Mt 6,24.

geduldet zu werden, sondern gewollt, geschätzt, gebraucht zu sein, wichtig zu sein für die Gemeinschaft und darüber auch informiert zu werden.

„Ein Mensch sieht, was vor Augen ist, aber Gott sieht das Herz an."[158] Das ist keine sentimentale Aussage, etwa nach dem Motto „Trotz allem hat er ja ein gutes Herz" (aber zu gebrauchen ist er nicht). Das „Herz" ist der *innere* Mensch. Gott sieht, ob ein Mensch geteilten oder ungeteilten Herzens ist. Gott sieht, woran eines Menschen Herz hängt. Und Gott sieht auch, wofür sein Herz schlägt. Das ist die Berufung. Der Mensch ungeteilten Herzens ist der berufene Mensch. In seiner Individualität, mit seiner spezifischen Begabung und seinem spezifischen Gewordensein, beansprucht er seinen ehrenwerten, unverzichtbaren Platz in der Gemeinschaft. Er kann nicht einfach ausgetauscht werden wie ein Schräubchen in einer Maschine. Wenn er fehlt, dann fehlt er wirklich.

In der christlichen Gemeinde herrscht, wenn sie dem guten Namen Ehre macht, nach dem sie genannt ist, ein Klima echter wechselseitiger Wertschätzung, unabhängig von sozialem Status und Bankkonto. Der Reiche wird nicht seines äußeren Ansehens wegen geschätzt, sondern als berufener Mitmensch. Er ist gleich wie der Arme dazu berufen, zum Wohl aller aus seinen Talenten das Beste zu machen. Der Reiche ist doppelt mit Talenten ausgestattet, nämlich mit seinem Begabungen und erlernten Fähigkeiten wie auch mit hohem sozialen Status, Besitz, Macht und Geld, mit den Talenten des Seins und den Talenten des Habens.[159] Der Arme ist nur mit den Talenten des Seins ausgestattet. Dass die Talente unterschiedlich verteilt sind, ist ganz im Sinne des Erfinders. Jeder hat seine Gaben, jeder hat auch seine Grenzen. Wir sind ergänzungsbedürftig, und wenn der Glaube sich in der Tat aus-

---

[158] 1Sam 16,7.

[159] Das „Talent" war ursprünglich eine Geldwährung.

wirkt, dann leben wir auch entsprechend. Die Reichen tragen die Verantwortung dafür, den Mangel der Armen so weit auszugleichen, dass diese auf menschenwürdige Weise ihre Gaben entfalten können. Weder sie selbst noch die Armen sollen Mangel leiden. Die spezifische Berufung des Reichtums liegt in seiner Umsetzung zum Wohl der Armen: zu ergänzen und zu fördern, Ausgleich zu schaffen. Reichtum ist anvertrautes Gut. Wer Reichtum hortet, statt ihn in den Dienst zu stellen, betrügt die Armen.

Jakobus scheut sich nicht, das gemeindeinterne Problem in den größeren politischen Zusammenhang zu stellen: „Sind es nicht die Reichen, die Gewalt gegen euch üben und euch vor Gericht ziehen?" Damit hat er jetzt nicht mehr nur das mutmaßlich reiche Gemeindeglied des Fallbeispiels im Blick, sondern er leuchtet den Hintergrund der Feindschaft gegen die junge, stark wachsende Bewegung des Christentums aus.[160] Jakobus behauptet: Der größte Widerstand kommt von den Reichen! Schon als der Hohe Rat Jerusalems diskutierte, was mit dem „Aufrührer" Jesus zu tun sei, führte ein Argument zur Entscheidung, das zu allen Zeiten die Politik reicher Mächtiger ethischen Fragen gegenüber bestimmte: „Es ist ist besser für euch, *ein* Mensch sterbe für das Volk, als dass das ganze Volk verderbe."[161] Es ist besser *für euch*, die versammelten mächtigen Reichen! Es ist besser, weil soziale Unruhen eure wirtschaftliche Sicherheit gefährden. Dieser Ungeist, der die Sicherung und Mehrung des Geldes höher achtet als die Menschlichkeit und alle Mitmenschen, die sich nicht gleichfalls auf dem Sonnendeck der oberen Zehntausend tummeln, nur nach den Kriterien des Unterhaltungswerts und des wirtschaftlichen Zahlenwerts beurteilt, setzte offenbar bereits der Urge-

---

[160] „Der Apostel meint hier besonders reiche Heiden". J.A. Bengel, a.a.O., 722.

[161] Joh 11,50.

meinde grausam zu.[162] Jakobus widerspricht dem Ungeist in seiner Autorität als Leiter der Muttergemeinde Jerusalem leidenschaftlich. Und doch konnte aller apostolischer Widerspruch nicht verhindern, dass der Ungeist schon sehr früh in die Kirche eindrang und das Kommando übernahm. Über die Jahrhunderte hinweg wurde dadurch das Zerrbild des Fallbeispiels, das Jakobus zu Beginn des Kapitels beschreibt, zum Normalfall. Bis heute konnte sich die Kirche nicht davon befreien.

Verse 8-9: Sünde als konkretes Tun

(8) Wenn ihr das königliche Gesetz erfüllt nach der Schrift: „Liebe deinen Nächsten wie dich selbst"[163], so tut ihr recht; (9) wenn ihr aber die Person anseht, tut ihr Sünde und werdet überführt vom Gesetz als Übertreter.

Das „königliche Gesetz" ist identisch mit dem „Gesetz der Freiheit".[164] Es ist der Weg des wahren Menschenkönigs selbst, der königliche Weg, der Königsweg. Ihn beschreiten wir, wenn wir den Mitmenschen und uns selbst nicht nach dem äußeren Schein der *persona* beurteilen, sondern uns bemühen zu verstehen, was dahinter ist, den *Menschen* hinter seiner Maske, seiner Rolle, seinem Status, und *ihm* die Ehre zu geben, die ihm gebührt.

Es ist bemerkenswert, dass Jakobus hier wie Paulus[165] und Jesus in der Bergpredigt[166] das *eine* Gebot, in dem

---

[162] „Die Reichen waren zugleich die Widersacher Jesu und seiner Gemeinde und benutzten ihre Macht zur Verfolgung der Christen". A. Schlatter, a.a.O., 165.

[163] Lev 19,18.

[164] „Das sich von keiner menschlichen Willkühr unterjochen läßt, sondern selbst das Gesetz der Freiheit ist, V. 12; es ist die Summa aller Gebote, Alle sollen lieben, und Alle soll man lieben". J.A. Bengel, a.a.O., 722.

[165] Rö 13,9; Gal 5,14.

[166] Mt 7,12.

der ganze Wille Gottes an uns Erfüllung findet, in seiner zweigliedrigen Variante nach Lev 19,18 zitiert, statt in der dreigliedrigen: „Liebe Gott und deinen Nächsten wie dich selbst"[167]. Aus dem Zusammenhang lässt sich das gut verstehen: Jakobus kritisiert in diesem Kapitel mit besonderem Nachdruck die Einseitigkeit übermäßig stark betonter Gottesliebe, der die real gelebte Nächstenliebe überhaupt nicht entspricht.

Jakobus definiert „Sünde" hier ganz eindeutig und ausschließlich als Verstoß gegen das Liebesgebot auf der zwischenmenschlichen Ebene. Wenngleich sie in der Gespaltenheit wurzelt und diese wiederum mit dem Misstrauen gegen Gott zusammenhängt, wird die Sünde dennoch erst konkret und relevant in praktizierter zwischenmenschlicher Lieblosigkeit. Sünde besteht also nicht in allen möglichen Regungen und Fantasien, sie ereignet sich auch nicht im Graubereich von Verhaltensweisen, die kritikwürdig sein mögen, deren destruktive Auswirkungen auf die Gemeinschaft aber nicht klar erkennbar sind, sondern nur dort, wo offensichtlich ein Beziehungsschaden entsteht. Da der zwischenmenschliche Unfriede aus dem Unfrieden des geteilten Herzens hervorgeht, indem daraus die böse Begierde ensteht, ist Sünde als zwischenmenschliches Phänomen unlösbar mit dem Verhältnis des Einzelnen zu sich selbst verbunden: Wer gegen sich selbst Krieg führt, der bekriegt auch seine Mitmenschen, und wer feindselig gegen andere ist, der ist auch nicht im Frieden mit sich selbst.

Für Jakobus gilt dasselbe für die Sünde wie für den Glauben: Erst die Konkretion im zwischenmenschlichen Verhalten berechtigt zur Anwendung der Begriffe. Sünde, die nicht zur erkennbar *destruktiven* Tat wird, ist genauso wenig wirkliche Sünde wie Glaube, der nicht zur erkennbar *konstruktiven* Tat wird. Der seelsorgerliche

---

[167] Sinngemäß Lk 10,27.

Missbrauch des Sündenbegriffs von der frühen Christenheit an bis heute hat aber dazu geführt, dass er zum Pauschalurteil über die Gesamtqualität eines Menschen ganz ohne Bezug zu seinem tatsächlichen Verhalten wurde. „Sünder" wurde zum Synonym für „böser Mensch" und in diesem Sinn wurde die biblische Feststellung gedeutet, dass es keinen Menschen gibt, der nicht sündigt. Als logische Konsequenz musste man annehmen, dass sogar verstorbene Neugeborene (und warum nicht auch Ungeborene?) in der Hölle landen, weil diese der einzig angemessene Platz für alles durchweg Böse sei. Außerdem musste man meinen, dass unbekehrte Menschen trotz aller Talente und scheinbar guten Taten in Wirklichkeit nur Böses hervorbrächten und dass alle Wahrheit, Güte und Liebe in der Welt allein den erleuchteten Bekehrten zuzuschreiben sei.

Für Jakobus ist Sünde nicht mehr und nicht weniger als ein konkretes zwischenmenschliches Fehlverhalten, dessen Dynamik psychologisch einsichtig ist und sich darum rekonstruieren und beschreiben lässt, für das jeder Einzelne in vollem Maß selbst verantwortlich ist und zu dem es auf jeden Fall eine reelle bessere, liebevollere Alternative gibt. Konkret wird der Glaube dann, wenn er sich darin zeigt, dass ein Mensch die Verantwortung für sein Handeln übernimmt, solche Alternativen wählt und sie ernsthaft und unablässig einübt. Die größte Ermutigung, nicht sündigen zu müssen, liegt nach Jakobus im Vertrauen auf die absolut positive Vorstellung des Gebe-Gottes. Den Weg der Sündenüberwindung nennt er Weisheit.

Das von der Sünde überführende Gesetz, von dem Jakobus hier spricht, ist wieder nichts anderes als das Gesetz der Freiheit. Wenige Sätze später wird er das explizit zum Ausdruck bringen.[168] Ein Kernkriterium der Sünde

---

[168] V12.

ist, dass sie knechtet. Die wahre innere Unabhängigkeit ist der Maßstab für die Motivation unseres Verhaltens. Sie ermöglicht es, den Mitmenschen wie auch sich selbst ohne übermäßige Berücksichtigung der *persona* ehrlich zu sehen, zu ehren und ihm zu dienen.

Verse 10-11: Das unteilbare Liebesgebot

(10) Denn wenn jemand das ganze Gesetz hält und sündigt gegen ein einziges Gebot, der ist am ganzen Gesetz schuldig. (11) Denn der gesagt hat: „Du sollst nicht ehebrechen", der hat auch gesagt: „Du sollst nicht töten."[169] Wenn du nun nicht die Ehe brichst, tötest aber, bist du ein Übertreter des Gesetzes.

Das moralische Hauptinteresse des geteilten Herzens gilt den beiden Fragen: „Was *darf* ich und was *muss* ich?" Die Antwort darauf sucht es bei den höchsten Autoritäten, die ihm bekannt sind. Für das geteilte Herz des Kindes sind das die Eltern, vor denen es sich fürchtet. Sie fordern Liebe, aber sie geben Druck. Das Kind lernt, dass sein Gehorsam als Liebe interpretiert wird: Wenn es gehorcht, ist es ein braves Kind, der Liebe wert. Aber sein Gehorsam *ist* nicht Liebe, sondern Reaktion auf Drohung und Kalkulation von Belohnung.

Das geteilte Herz ist das geknechtete Herz. Das unterdrückte Kind sehnt sich sehr stark danach, einfach nur es selbst sein, einfach nur angstfrei leben zu können, aber es ist unter die elterlichen Muss-Forderungen gebannt. So erlebt es sich in ständigem Zwiespalt. Es gehorcht nicht, weil es das Gebotene gut findet, sondern weil ihm nichts anderes übrig bleibt.

Der glaubende Mensch überträgt die höchste Autorität von den Eltern auf Gott. Wenn sein Herz geteilt bleibt, nimmt er Gott gegenüber dieselbe Haltung ein wie gegen seine Erzieher. Die Leitfragen seines Glaubens lauten: „Was muss ich auf jeden Fall vermeiden, damit Gott mich

---

[169] Ex 20,13f.

nicht empfindlich straft? Wie weit kann ich gehen?"
Denn das geteilte Herz begreift alle Fragen der Moral
nicht als eigenes, tiefstes Bedürfnis, sondern als von außen verfügtes Diktat.

Das geteilte Herz macht aus diesen beiden Versen den
Grundsatz einer grausam unmenschlichen Gehorsamsleh-
re, indem es sie auf seine Leitfragen bezieht und daraus
schließt: „Keinen *Zentimeter* weit darfst du gehen! Gott ist
heilig! Entweder gehorchst du vollkommen oder gar
nicht! Und wenn du nicht vollkommen gehorchst, bist du
der ewigen Verdammnis schuldig!" Darum schwankt das
geteilte Herz, wenn es sein Gewissen nicht betäuben
oder in den Wahn der Unfehlbarkeit fliehen kann,[170] zwischen rigidem Perfektionismus und Verzweiflung. Das
Kerngeschäft sehr vieler Seelsorge ist die Bestätigung der
Verzweiflung geteilter Herzen und die Rückführung aus
der Verweiflung in den Angstgehorsam des rigiden Perfektionismus durch den Zuspruch, dass Gottes Geduld
noch nicht am Ende sei. Wenn aber Seelsorge nicht dazu
dient, die Gespaltenheit des Herzens zu überwinden,
dann ist sie verfehlt: sie heilt nicht, sie macht krank.

Es scheint so, dass Jakobus an dieser Stelle die Argumentation derer aufnimmt, die das unteilbare *eine* Liebesgebot, das Gesetz der Freiheit, zu einer versklavenden *Gesetzlichkeit* der Verordnungen verzerrten, in der es überhaupt nicht mehr um die Liebe geht, sondern allein noch
um die Fragen, was man *muss*, was man *nicht darf* und
was *erlaubt* ist. Er zitiert, was sie behaupten, um ihren
Fehlschluss aufzuzeigen. Jakobus entgegnet: Wenn jemand auch alle religiösen Vorschriften peinlich genau
einhält, sich aber an einem *einzigen* Punkt den Ungehor-
sam gönnt, dann hebt alles Einhalten diesen einen Verstoß nicht auf, weil das Verhalten aus der *Berechnung*
kommt, was man sich gerade noch erlauben darf, um ge-

---

[170] Das Produkt aus beidem, der Betäubung des Gewissens und des
Wahns der Unfehlbarkeit, nennt man „Pharisäismus".

rade noch als guter Christ zu gelten. Das hat aber mit dem Geist des Gesetzes der Freiheit, dem es um nichts als die Konkretion der Liebe geht, nichts gemeinsam. Darum bedeutet in diesem Fall der Verstoß gegen das eine Gebot den Verstoß gegen das Ganze der Gebote, nämlich gegen das eine, alles umfassende Liebesgebot.[171]

Es ist sicher kein Zufall, dass Jakobus ausgerechnet das Verbot des Ehebruchs und das Verbot des Tötens herausgreift und gegenüberstellt, um aufzuzeigen, worum es ihm geht. Sehr oft dient die Fassade einer nach außen hin intakten Ehe als Sichtblende gegen mörderisches Verhalten, das sich dahinter abspielt. Sehr oft erfahren andererseits sexuelle Verhaltensweisen, ob es sie nun Beziehungen schaden oder ob es sich nur um Abweichungen von einer gesetzten Norm in jenem Graubereich handelt, eine sehr starke Aufmerksamkeit, und über die Betroffenen werden schnelle, harte und pauschale Urteile gefällt. Andere Verhaltensweisen, die in hohem Maß Schaden bewirken, werden hingegen gern geduldet oder gar gut geheißen. Insbesondere dort, wo es um Macht, Ansehen und Geld geht! Jakobus sieht das deutlich anders. Offenbar ordnet er den Schaden, der durch Machtgier, Geltungsgier und Habgier entsteht, dem Gebot „Du sollst nicht töten!" zu. In der Tat: Die Wirkungen sind mörderisch, wie blendend attraktiv der Schein auch sei, der Macht, Ansehen und Reichtumg umgibt.

---

[171] „[W]ie das Gesetz aus *einem* göttlichen Willen hervorgegangen ist, so ist es auch als *ein* Ganzes anzusehen". F. Hauck, a.a.O., 17.

Verse 12-13: Die Not wegnehmen

(12) Redet so und handelt so wie Leute, die durchs Gesetz der Freiheit gerichtet werden sollen. (13) Denn es wird ein unbarmherziges Gericht über den ergehen, der nicht Barmherzigkeit getan hat; Barmherzigkeit aber triumphiert über das Gericht.

Das „Urteilen mit bösen Gedanken"[172], das zu einem Verhalten nach der Weise des einleitenden Fallbeispiels führt, folgt dem äußeren Schein. Der zersetzende Richtgeist sieht nicht den *Menschen* hinter seiner *persona*, er dringt nicht zu wahrem Verstehen durch, er bleibt haften im Vorurteil. Er nimmt den Menschen nicht als ganzen wahr, sondern identifiziert gewisse Verhaltensweisen mit seinem Wesen: „Du verhältst dich so und darum *bist* du so!" Er stempelt ab. Da der Richtgeist nie um echtes Verstehen bemüht ist, interpretiert er zudem viele Verhaltensweisen falsch, weil er sie *miss*versteht. Der Richtgeist ist darum nicht nur un*barmherzig*, sondern auch un*gerecht*.

Menschen, denen das Gesetz der Freiheit einziger Maßstab des Bewertens ist, sind vor allem darum bemüht, sich nicht von den eigenen Vorurteilen knechten zu lassen. Darum entscheiden sie sorgsam zwischen Tat und Täter und wenn es ihnen der tiefen Enttäuschung wegen auch schwer fällt, nicht den Stab über dem Täter zu brechen, so hüten sie sich dennoch davor. Oft ist es nicht möglich, das enttäuschende und verletzende Verhalten nachzuvollziehen; dann wird es schwer, aus sinnvoller Distanzierung keine Feindschaft werden zu lassen. Das kann harte Anfechtung sein, viel Groll und Bitterkeit erzeugen und einen langen Weg nach sich ziehen, um Frieden zu finden. Gelingen kann uns das nur, wenn wir uns *entschließen*, den Täter nicht mehr zu verurteilen, sondern sein Handeln zu verstehen, so weit es sich für uns

---

[172] V 4.

verstehen lässt. Die Kraft des Vergebens wird immer nur so tief und weit reichen wie das Verstehen. Verstehen befreit aus dem Gefängnis des Richtens, denn wer versteht, *kann* nicht mehr verurteilen und verdammen. Verstehen lässt *barmherzig* werden. Und die Barmherzigkeit triumphiert über alles Richten.

Das Liebesgebot erfüllt sich in barmherzigem Verhalten.[173] Wer barmherzig wird, der wird innerlich frei. Wer im Vorteil gefangen bleibt, schadet sich selbst, weil Bitterkeit und Groll ihn innerlich zerfressen, und er bleibt unversöhnlich gegen den Täter. Sein Herz wird hart. Diese zwangsläufige Folge nennt Jakobus das „unbarmherzige Gericht", das über den ergeht, „der nicht Barmherzigkeit getan hat". Es gibt keine lebensbejahende Alternative zur Barmherzigkeit; wer sich der Barmherzigkeit dauerhaft verweigert, wählt den Tod. Er selbst geht daran zugrunde und seine Beziehungen erleiden großen Schaden.

Barmherzigkeit ist nicht nur eine Angelegenheit des Empfindens, sondern vor allem auch ein Tun. Das deutsche Wort „Erbarmen" meinte ursprünglich „Ab-Armen", was bedeutete: „ganz und gar von der Armut befreien."[174] Das Erbarmen der Wohlhabenden, das Jakobus besonders ins Visier nimmt, reicht, wenn es wahre Barmherzigkeit sein will, weit über Almosenspenden hinaus. Die Liebe findet erst dann Erfüllung, wenn die Armut weggenommen ist. Das zu sehen ist wichtig, um Jakobus nicht misszuverstehen, wenn er die Armen seligpreist.[175] Er glorifiziert damit nicht den Mangel, sondern er stärkt das Selbstbewusstsein der Menschen, die ihn zu *Unrecht* erleiden müssen. Und darum übt er auch offene Kritik an denen, die daran schuld sind. Jakobus erwartet von ihnen, dass sie ihr Verhalten deutlich ändern.

---

[173] Nirgendwo kommt das stärker und überzeugender zum Ausdruck als in der Geschichte vom barmherigen Samariter, Lk 10,25-37.

[174] F. Grünzweig, a.a.O., 80.

[175] 1,9; 2,5.

Verse 14-17: Falscher Glaube, leere Sprüche

(14) Was hilft's, liebe Brüder, wenn jemand sagt, er habe Glauben, und hat doch keine Werke? Kann denn der Glaube ihn selig machen? (15) Wenn ein Bruder oder eine Schwester Mangel hätte an Kleidung und an der täglichen Nahrung (16) und jemand unter euch spräche zu ihnen: Geht hin in Frieden, wärmt euch und sättigt euch!, ihr gäbet ihnen aber nicht, was der Leib nötig hat - was könnte ihnen das helfen? (17) So ist auch der Glaube, wenn er nicht Werke hat, tot in sich selber.

Jakobus bezweifelt, ob ein Glaube ohne Werke überhaupt Glaube sein kann.[176] Seine gesetzlichen Interpreten haben den Text nicht genau genug lesen, wie danach auch die Theologen, die sich am scheinbaren Widerspruch dieser Textpassage mit paulinischen Grundaussagen stießen. Dies ist alles andere als ein dogmatisches Statement, dass Glauben allein nicht genüge. Das würde allerdings im unüberbrückbaren Widerspruch zur Kernbotschaft des Neuen Testaments stehen, dass wir *nichts* tun müssen und auch nicht können, um von Gott vollkommen gerechtfertigt und angenommen zu sein. Aber Jakobus kontrastiert gar nicht die eine Auffassung vom *wahren* Glauben mit der anderen, sondern er unterscheidet hier den wahren vom *falschen* Glauben. Eigentlich sagt es Jakobus ganz deutlich: Ein solcher Glaube ist nur Glaube der Behauptung nach: „wenn jemand *sagt*, er habe Glauben". Nein, antwortet Jakobus, er hat ihn *nicht*. Er bildet es sich nur ein. „Kann denn *der* Glaube ihn selig machen?" Der Text ist nur richtig übersetzt, wenn der Artikel betont wird.[177] Glaube, der nicht den Richtgeist überwindet und barmherzig werden lässt, ist für Jakobus ein Widerspruch

---

[176] „Es heißt nicht: so Jemand den Glauben hat; sondern: so Jemand es meint und sich dessen rühmt". J.A. Bengel, a.a.O., 724.

[177] „Hier ist der Artikel von entscheidender Wichtigkeit; kann auch d e r , d.h. ein solcher Glaube ihn selig machen, der nur so genannt wird [...], der nicht einmal den Nächsten etwas nützt?" Ebd.

in sich selbst, toter Glaube, leeres Lippenbekenntnis.

Wenn Seelsorge nicht vom Geist der Barmherzigkeit bestimmt ist, wird sie zu realitätsfremder Besserwisserei. Der fromme Schein geizt nicht mit Ratschlägen: „Geht hin im Frieden, wärmt und sättigt euch!". Das ist dahergesagt, ohne verstanden zu haben. Es ist aus dem Vorurteil heraus gesprochen. Wer solche Sprüche hören muss, kann sich nicht ernstgenommen fühlen. In diesen Pseudoermutigungen schwingen schwere Unterstellungen mit: „Wenn du wolltest, könntest du. Du bist zu faul, zu dumm, zu kompliziert, zu ängstlich, zu abgehoben, zu weltfremd. Und außerdem traust du Gott viel zu wenig zu! Du bist selbst schuld an deiner Misere! Es ist alles gar nicht so schwer, wie du denkst. Wenn du es nur richtig anpackst, dann findest du schon eine Lösung. Schau *mich* an: Gott segnet die Fleißigen und Cleveren!"

So etwa lauten die hohlen seelsorgerlichen Urteile derer, die das Wohlstandsevangelium in sich aufgesogen haben: „Existenzielle Probleme wie Armut müssten nicht sein. Sie sind selbstverschuldet." So spricht die Erbarmungslosigkeit, die nicht versteht und nicht verstehen will. Die sich nicht hineinbegibt in die Not der Menschen, um wirklich zu erkennen, wie es ihnen geht.

Aber weder sind Ansehen, Macht, Erfolg und Reichtum Zeichen der inneren Stärke eines Menschen, noch sind Verachtung, Ohnmacht, Misserfolg und Armut Zeichen Zeichen der inneren Schwäche. Von den äußeren Umständen auf die innere Qualität eines Menschen zu schließen ist ein menschlicher Kardinalfehler mit den allerschlimmsten Folgen. Mit besonderer Eindringlichkeit konfrontiert uns die Bibel damit durch das Buch *Hiob*. Es ist an dieser Stelle erwähnenswert, dass auch Jakobus offenbar bei der Thematisierung misslicher äußerer Umstände, die ja den ganzen Brief durchzieht, Hiob als Leitfigur vor Augen hat. Gewissermaßen zusammenfassend wird er ihn gegen Ende des Briefs als das Vorbild der Geduld im Leiden schlechthin erwähnen.[178] Hiob war ein hoch geachteter Reicher, der zum völlig verachteten Armen wurde. Sein Umfeld schloss aus den äußeren Umständen auf seine innere Qualität und ließ ihn darum buchstäblich in seinem Elend sitzen. In der christlichen Gemeinde gibt es viele Hiobs.

Verse 18-20: Lebensfeindlichkeit

(18) Aber es könnte jemand sagen: Du hast Glauben und ich habe Werke. Zeige mir deinen Glauben ohne die Werke, so will ich dir meinen Glauben zeigen aus meinen Werken. (19) Du glaubst, dass nur einer Gott ist? Du tust recht daran; die Teufel glauben's auch und zittern. (20) Willst du nun einsehen, du törichter Mensch, dass der Glaube ohne Werke nutzlos ist?

Wenn der Glaube echt ist, dann trägt er gute Früchte. Das sind die Früchte der Geduld in den mancherlei Anfechtungen, nämlich Weisheit, Vertrauen in das absolut positive Gottesbild, ein ungeteiltes Herz, Hören und Verstehen statt zu richten, Urteilen nach dem inneren Menschen, nicht nach dem äußeren Schein, und, als Folge davon, Barmherzigkeit.[179]

Auch der unechte Glaube trägt Früchte, aber sie sind ungenießbar, wenn nicht giftig. Er ist, schreibt Bengel, „nicht ohne Wirkung - aber in's Gegentheil: er macht Zittern".[180] Der unechte Glaube ist ganz dem Gegenbild des Gebe-Gottes, dessen Wesen es ist zu schenken, ergeben. Er ist ganz und gar von Angst beherrscht. Gott ist ihm nicht Freund, sondern durch und durch Feind. Im Unterschied zu den verzweifelten Hiobs, die den Gott, den sie *lieben*, überhaupt nicht mehr verstehen, hat er aus der Not eine Tugend und das Misstrauen gegen die fremde Über-

---

[178] Hiob 5,11.

[179] „Der Zeuge für meinen Glauben ist die Weise, wie ich handle". A. Schlatter, a.a.O., 175.

[180] J.A. Bengel, a.a.O., 725.

macht zum Maßstab seiner Religiosität gemacht.[181] Das
Teuflische an den Teufeln ist offenbar, dass in ihnen nur
Misstrauen und Feindschaft gegen Gott ist, nur Lüge.
Wenn sie darunter leiden und sich nach dem Frieden mit
Gott sehnen würden, dann wären sie *arme* Teufel. Aber
ein *armer* Teufel ist nicht wirklich böse und darum auch
erlösungsfähig. Ein armer Teufel ist kein Teufel. Böse ist
die absolute Leugnung des Friedens und des Vertrauens.
Böse ist die Anbetung der Angst.

Der „törichte Mensch" ist Bengel zufolge im Griechischen ein „[l]eerer, kahler Mensch".[182] Da wächst nichts
Gutes. Da bleibt die Lebenserfahrung ohne dankbare Re-
sonanz. Es ist leer und hohl, was er von sich gibt. Es
kommt nicht *aus* dem Leben und es hilft nicht *zum* Leben.
Es kommt aus dem Tod und führt zum Tod. Es ist lebens-
feindlich.

Verse 21-22: Das Werk des Abraham

(21) Ist nicht Abraham, unser Vater, durch Werke gerecht geworden, als er seinen Sohn Isaak auf dem Altar opferte?
(22) Da siehst du, dass der Glaube zusammengewirkt hat mit
seinen Werken, und durch die Werke ist der Glaube vollkommen
geworden.

Er brachte ihn nicht um, aber er *hätte* ihn umgebracht; er
legte ihn auf den Altar, wie wörtlich im griechischen Text
steht. „Hiermit wird angedeutet, wie sehr es dem Abraham damit Ernst gewesen."[183] Jakobus macht es uns nicht
leicht. Er lässt der Halbherzigkeit keine Chance. Er bestätigt die schönen Illusionen, der biblische Glaube erfülle
sich in unseren *Wunsch*erfüllungen, in keiner Weise. Abraham wird von einer fremden, aber sehr überzeugenden

---

[181] „Das ist der böse Riß, der durch sein Wesen geht." A. Schlatter,
a.a.O., 177.

[182] J.A. Bengel, a.a.O., 725.

[183] Ebd., 726.

Gottesstimme aus wahrscheinlich großem Ansehen, Macht und Reichtum in der damaligen Weltmetropole Ur herausgerufen in ein fremdes Land in eine fremde Bestimmung mit Verheißungen, deren Erfüllung sich nur in fernen Umrissen andeutet.[184] Je älter er wurde, desto klarer musste ihm werden, dass sein Lebensweg nur ein bescheidener Anfang des großen Plans war, den Gott mit seinen Nachkommen fortführen würde. Aber es *gab* keinen Nachkommen. Es war eigentlich schon viel zu spät, als dann doch Isaak zur Welt kam. Umso mehr musste Abraham das als Zeichen der Bestätigung sehen und seine ganze Hoffnung auf den Erben setzen. Abraham hatte viele Widerstände überwinden, viel Nichterfüllung seiner Wünsche hinnehmen und sehr viel Geduld lernen müssen. Nun endlich schien alles gut zu werden. Und da forderte jener fremde Gott, zu dem er Vertrauen gefasst hatte und den er zu lieben begonnen hatte, seinen großen Trost und sein geliebtes Kind zurück. Das ist die dunkelste Geschichte im ganzen Alten Testament. Das ist der Widerspruch in Gott schlechthin, noch schlimmer als bei Hiob. Der ist wenigstens nur Opfer des Unglücks, doch Abraham wird genötigt, Täter zu sein, unermesslich schuldig zu werden durch einen Ritualmord an seinem eigenen, einzigen Sohn und Erben.

Das „Werk" des Abraham, in dem sich sein Glaube bewährt, ereignet sich also in der allertiefsten Anfechtung, die überhaupt vorstellbar ist. Dass er sich furchtbar geirrt hatte und die ganzen langen Jahre über nicht dem vertrauenswürdigen Befreier, sondern der verstellten Stimme des obersten der Angst- und Mordgötter gefolgt war, die in seiner Heimatstadt herrschten und dort, als Zeichen höchster Anbetung, auf den Spitzen ihrer gewaltigen Tempeltürme, deren Ruinen uns heute noch beindrucken, Menschenopfer forderten, das musste sich ihm jetzt

---

[184] Hb 11,8f.

so überzeugend aufdrängen wie die banale Erkenntnis, dass eins und eins zwei ist.

„Werk" ist für Jakobus nichts anderes als Bewährung im Sinne von Bewahrheitung. Ein Glaube, der sich nicht als wahrer Glaube erweist, ist letztlich falscher Glaube. Er besteht nur in Lippenbekenntnissen. Die Bewahrheitung des Glaubens Abrahams, durch welche er der Vater aller Glaubenden des Judentums und Christentums wurde, das Urbild und Vorbild also, vollzieht sich im scheinbar völlig widersinnigen Festhalten an der enschiedenen Hoffnung, dass der völlig fremd und grausam erfahrene Gott dennoch vollkommen vertrauenswürdig ist. Jakobus will also sagen: Gerade dort und dort erst wirklich, wo sein absolut positives Bild vom Gebe-Gott durch die Erfahrung vollständig widerlegt wird, gerade dort bewahrheitet sich der echte Glaube. Denn echter Glaube ist das Licht Gottes im Innersten eines Menschen, das auch dann nicht gänzlich verlöschen kann, wenn es nur noch glimmender Docht ist. Diese Flamme nährt sich nicht von den Bestätigungen, die sie erfährt. Sie brennt unabhängig von allen äußeren Umständen, denn sie bezieht ihre Kraft ausschließlich durch die Liebe. Echter Glaube ist die unüberwindliche Kraft der Liebe.[185]

Die Weise, wie Jakobus sich hier ausdrückt, zeigt, dass dieser Glaube ein Werden ist. Die Bewahrheitung des Glaubens Abrahams geschieht auf einem langen Weg. Isaak zu opfern ist nur die tiefste Stelle des dunklen Tals.

---

[185] Hierin entspricht die Abrahamserfahrung ganz der Hiobserfahrung.

Verse 23-24: Freund Gottes werden

(23) So ist die Schrift erfüllt, die da spricht: „Abraham hat Gott geglaubt und das ist ihm zur Gerechtigkeit gerechnet worden"[186], und er wurde „ein Freund Gottes" genannt.[187] (24) So seht ihr nun, dass der Mensch durch Werke gerecht wird, nicht durch Glauben allein.

Wenn Abraham der Vater aller Glaubenden ist, dann ist sein Weg das Modell aller Glaubenswege. Das bedeutet: Der Willensentschluss, sein Vertrauen ganz auf den Gott zu setzen, der nichts als Liebe ist, bildet nur den Anfang: die Bekehrung zum Beispiel oder die willentliche Annahme der Taufe. Meist wird dieser Anfang als befreiend und erfüllend erlebt. Aber dann führt der Weg über kurz oder lang in die Bewährung, und dann erst erweist sich der Glaube als echt. So wird ein Kind Gottes zum *Freund* Gottes.

Von Mose sagt die Bibel: „Der Herr aber redete mit Mose von Angesicht zu Angesicht, wie ein Mann mit seinem Freund redet."[188] „Von Angesicht zu Angesicht" bedeutet die Augenhöhe eines echten Gegenübers. Väter sehnen sich danach, dass ihre Kinder ihnen so zum Freund werden. Sowohl von Mose als von Abraham wird erzählt, dass sie regelrecht mit Gott diskutierten; Mose warnte Gott einmal sogar vor den weitreichenden Folgen einer Fehlentscheidung im Zorn.[189] Wenn es uns auch seltsam vorkommt, dass Gott hier wie ein ergänzungsbedürftiger Mensch erscheint, der selbst nicht so genau weiß, was er will, und der geneigt ist, sich durch unkontrollierte Gefühle zu Übeltaten hinreißen zu lassen, so zeigt sich doch darin, was Jakobus mit dem Werk des

---

[186] Gen 15,6.

[187] Jes 41,8.

[188] Ex 33,11.

[189] Ex 32,11-13.

Glaubens meint: Dass sich nämlich das Verhältnis zwischen Kind und Vater ändert, von Unselbständigkeit und geringer Verantwortungsfähigkeit hin zu einem souveränen Stehen vor Gott in freier Verantwortung. Ein wahrer Freund hat sich in Freiheit dazu entschieden, Freund zu sein. Weder Angst noch Abhängigkeit nötigt ihn dazu. Es könnte sein, dass uns diese schon fast überzeichnet anthropomorphen Gotteserscheinungen bei Abraham und Mose Hinweis darauf sein wollen, dass sich Gott mitunter hinter menschlich höchst fragwürdigem Verhalten gleichsam versteckt, um den echten Glauben seines Menschenkindes ganz und gar herauszufordern, indem es entschieden antwortet: „Es kann nicht sein, so bist du nicht! Offenbare endlich wieder dein wahres, barmherzige Gesicht!" Und es mag sein, dass Gott durch nichts so große Ehre erfährt wie durch solches unbeirrtes Festhalten an seiner Barmherzigkeit, und dass wiederum die höchste Ehrung eines Menschen darin besteht, dass Gott über ihn urteilt: „Der ist mir ein wahrer Freund geworden."

Erneut wird deutlich, wie entscheidend wichtig für Jakobus die ausdrückliche Betonung des absolut positiven Gottesbildes zu Beginn des Briefes ist. An diesem Gottesbild hängt der ganze Glaube. Zentrale Bedeutung für die Seelsorge mit Menschen in Glaubensanfechtungen ist die Ermutigung, allem Widerspruch zum Trotz beharrlich das Erbarmen Gottes zu erwarten und zu verlangen und, wenn es sich gar nicht recht einstellen will, es unablässig einzuklagen. Jesus hat das mit atemberaubender Kühnheit durch das Gleichnis von der Witwe und dem ungerechten Richter geradewegs zum Programm des Umgangs mit allen möglichen Erfahrungen gemacht, die uns an Gott irre werden lassen.[190] Offensichtlich geht Jesus ganz selbstverständlich davon aus, dass sich der absolut

---

[190] Lk 18,1-8.

gerechte und absolut barmherzige Richter, der Gott, dessen Wesen Schenken ist und dessen Tür für jeden offen ist, den Anschein des krassen Gegenteils gibt. Echter Glaube lässt nicht nach, bis wahrer Friede, wahre Freude den Raum in der Seele ausfüllt, in dem sich Enttäuschung und Bitterkeit ausgebreitet haben. Echter Glaube beharrt unablässig auf wahrem Trost.

Verse 25-26: Barmherzig werden

(25) Desgleichen die Hure Rahab, ist sie nicht durch Werke gerecht geworden, als sie die Boten aufnahm und ließ sie auf einem andern Weg hinaus? (26) Denn wie der Leib ohne Geist tot ist, so ist auch der Glaube ohne Werke tot.

Die „Hure Rahab" war erstens eine Prostituierte, zweitens eine Heidin und drittens handelte es sich bei ihrem Glaubenswerk zunächst um eine handfeste Lüge, durch welche sie das Leben zweier Agenten Israels rettete. Dieses Verhalten war Verrat an der Stadt Jericho, der sie angehörte und in der sie ihr Bordell betrieb, denn es trug dazu bei, dass die Stadt von der israelischen Streitmacht dem Erdboden gleich gemacht wurde, wobei dem biblischen Bericht nach keiner überlebte mit Ausnahme der Verräterin, die zuvor mit den Feinden ausgehandelt hatte, als Dank für ihre Hilfe verschont zu bleiben.

Wenngleich Rahabs Tat sie begreiflicherweise zur Heldin Israels machte und sie Anteil daran hatte, dass sich die Verheißung Gottes an Abraham erfüllte, ist es doch sehr bemerkenswert, dass Jakobus ausgerechnet *sie*[191] als zweites Musterbeispiels echten Glaubens, der sich im Werk beweist, aufführt. Denn dieses Werk ist so völllig anderer Natur als die pharisäische Werkgerechtigkeit der Gutmenschen mit den weißen Westen, die ihre Vorzeigetaten sammeln und horten wie die Reichen ihre Geldsä-

---

[191] Bemerkenswert auch, dass er eine *Frau* als Vorbild nennt.

cke, in der irrigen Meinung, dadurch Gottes Wertschätzung zu erringen. Sie berechnen die Wirkung und achten peinlich darauf, dass kein Stäubchen eines Makels auf ihr hehres Handeln fällt, während Rahab ungeteilt ihrem *Herzen* folgt. Sie erbarmt sich über ihre Feinde, weil sie sich nicht ihrer Not und Angst verschließt. Das Erbarmen ist ihr wichtiger als ihr eigener Ruf, wichtiger als die moralische Integrität und sogar wichtiger als ihr eigenes Leben, denn sie setzt es auf's Spiel dabei.

Als echt erweist sich der Glaube Jakobus zufolge also nicht nur im Festhalten an der absoluten Vertrauenswürdigkeit Gottes, sondern auch in der Freiheit zum ungeteilten Engagement der Barmherzigkeit für den Mitmenschen in Not, selbst da, wo es die allerbesten Gründe dafür gibt, ihm Achtung und Erbarmen zu verweigern.[192] Nicht im äußeren Schein findet sich dieser Glaube, der kann trügen. Auch Jesus, in dessen Stammbaum Rahab übrigens erscheint,[193] bezeugte einer Prostituierten, ihr sei viel vergeben, da sie „viel Liebe gezeigt" habe,[194] in scharfer Abgrenzung zu einem selbstgerechten Pharisäer, der diese „Sünderin" zutiefst verachtete, bei dem Jesus aber *keine* Liebe fand.

Weil das griechische *pneuma* sowohl „Geist" als „Atem" bedeutet, übersetzen wir im letzten Vers des Kapitels wohl besser: „Denn wie der Leib ohne *Atem* tot ist, so ist auch der Glaube ohne Werke tot." Denn am Atem „erkennt man das Leben" und ein „Glaube ohne Werke ist wie ein entseelter Körper".[195] Jakobus hat das Wesen *lebendigen* Glaubens benannt. Er hängt davon ab, dass wir auch unter schwersten Anfechtungen am entschieden positiven Bild des Gebe-Gottes festhalten, dessen Menschen-

---

[192] „Beide Arten von Werken bilden zusammen den uns aufgetragenen Gottesdienst". A. Schlatter, a.a.O., 180.

[193] Mt 1,5.

[194] Lk 7,47.

[195] J.A. Bengel, a.a.O., 727.

freundlichkeit viel größer ist, als jedes Dogma fassen kann. Die Beziehung zu ihm wird nicht von Angst, sondern von wahrer Freiheit bestimmt. Erfüllung in der Beziehung zu ihm finden wir, wenn wir die innere Gespaltenheit überwinden, um ungeteilten Herzens die Spur der Wahrheit zu verfolgen. Das ist ein langer Weg des Reifens, auf dem wir lernen, immer weniger auf den äußeren Schein und immer mehr auf die innere Qualität des menschlichen Seins und Handelns zu setzen. Dadurch wird auch unser Urteilen und Entscheiden unabhängig vom äußeren Eindruck. Wir werden frei, unerschrocken der Stimme unseres Herzens zu folgen. Wir werden frei zur Barmherzigkeit.

Drittes Kapitel

Vers 1: Die Macht des Lehrens

Liebe Brüder, nicht jeder von euch soll ein Lehrer werden; und wisst, dass wir ein desto strengeres Urteil empfangen werden.

Nur wer schnell hört und langsam redet,[196] ist zur seelsorgerlichen Lehre berechtigt. Lehrer darf nur sein, wer sich nicht durch sein Reden wichtig tut, sondern es als sehr begrenzte Gabe und Aufgabe versteht, um in aller Bescheidenheit anderen damit zu dienen. Weil er etwas zu sagen hat. Nicht um des Redens willen, sondern weil es ihm gegeben ist, um es weiterzugeben.

Der Lehrer des Neuen Testaments ist vor allem *Lebenslehrer*. Noch in urchristlicher Zeit verband sich der Dienst des Lehrers mit dem Dienst des „Hirten"[197]. Damit war der Grund für das *Pastoren*amt gelegt. „Hirte" heißt auf Lateinisch *pastor* und auf Griechisch *poimen*. Der theologische Fachbegriff für die Lehre von der Seelsorge lautet *Poimenik*. In der katholischen Kirche wird die Seelsorge *Pastoral* genannt. Bis heute wird das Wort „Seelsorger" als Synonym für „Pastor" oder „Pfarrer" verwendet. Das Lehren ist also von Beginn der Christenheit an fast dasselbe wie die Seelsorge. Fast könnte man übersetzen: „Liebe Schwestern und Brüder, nicht jeder von euch soll ein *Seelsorger* werden".

Die Lehre in einer Kirche oder Gemeinde ist das, was dort als Leitlinie des Lebens und Glaubens verbindlich gelten soll. Der Sinn der Lehre liegt in ihrer Autorität: Das, was *gelehrt* wird, soll *geglaubt* werden und die Entscheidungen bestimmen. Die Frage der Lehre ist deshalb die Frage der Macht. Darum liegt im Amt des Lehrens besondere Verantwortung und darum sind strengere Maß-

---

[196] 1,19.

[197] Eph 4,11.

stäbe daran zu legen als bei anderen Diensten. Das ist erst recht der Fall, wenn Lehr- und Hirtenamt zur Einheit werden. Die Hauptaspekte des Hirtendienstes sind Fürsorge und Schutz.[198] Die Triade aus Lehrautorität, pastoraler Fürsorge und Schutz muss auf Menschen, die für die Versuchung des Machtmissbrauchs empfänglich sind, eine magnetische Anziehungskraft ausüben, die um so stärker wird, je mehr sich ihnen die Gelegenheit bietet, ihrem Lehren den Nimbus geistlicher Vollmacht zu verleihen. Davor graut Jakobus - völlig zu recht, wie die Entwicklung der Kirche bereits in den folgenden Jahrzehnten bewies.

In der *Macht* liegt die Gefahr des Lehrens. Nichts ist so suggestiv, so missverständlich und so leicht zu missbrauchen wie das Wort und nichts hat so verheerende Folgen wie das verletzende und irreführende Wort. Zwar kann auch das Schweigen mörderisch sein, aber immerhin lässt es offen, was im Inneren des Schweigenden vorgeht, während das ausgesprochene Wort sein Herz zu offenbaren scheint. Alle schweigende Kommunikation, also auch alle Körpersprache, braucht das übersetzende Wort, um eindeutig sein zu können, aber jeder Satz, den wir sagen oder schreiben, trägt den Anspruch des klaren Ausdrucks, denn allein darin liegt der Sinn unseres Sprechens.

Das Wort dient der Verständigung: *Du* sollst wissen, was *ich* denke. Darum *glaubst* du auch zu wissen, was ich denke, wenn du mich reden hörst. Du glaubst, dass mein Herz aus mir spricht. In der Tat: Das Reden des ungeteilten Herzens *kommt* wirklich von Herzen und darum kann

---

[198] Darin ist begründet, dass die Verschmelzung von Hirten- und Lehramt erst erfolgte, als die Urgemeinde immer mehr unter äußeren Druck durch Anfeindungen und Irrlehren geriet. Dadurch wuchs auch das Bedürfnis nach starken Lehrern und Hirten, die in der Lage waren, die Gemeinde zusammenzuhalten und vor schädigenden Einflüssen zu bewahren. Vgl. Karl Heinrich Rengstorf, „didasko" *ThWNT*, Bd. II, 160f.

es auch zu Herzen *gehen*. Aber aus dem gespaltenen Herz geht die gespaltene Zunge hervor: Ich rede *anders* als ich denke. Wort und Herz entsprechen sich nicht. Es ist nicht wahrhaftig, was ich sage. Ich führe etwas im Schild; ich benutze meine Worte, um ein verborgenes Ziel zu erreichen. Wenn ich aber ehrlich sagen *würde*, was ich denke, dann wäre es tödlich verletzend. Denn ich rede nicht aus dem inneren Frieden heraus. Mit meinen heuchlerischen Worten führe ich einen heimlichen Krieg. Ich muss mich wichtig tun gegen andere, muss sie klein machen, Druck auf sie ausüben, in Schach halten, dirigieren, muss über ihnen stehen, mich selbst auf ihre Kosten groß machen. Sie müssen mir huldigen. Nicht um die Wahrheit geht es mir, sondern um den Auftritt. Und in der Seelsorge mit dem Einzelnen: Nicht um den Klienten, sondern meine Macht und meinen Erfolg. Nicht um das Sein, sondern um das Haben. Nicht um Qualität, sondern um den Glanz der Fassade.

Vers 2: Das Problem der Selbstberrschung

Denn wir verfehlen uns alle mannigfaltig. Wer sich aber im Wort nicht verfehlt, der ist ein vollkommener Mann und kann auch den ganzen Leib im Zaum halten.

Dass wir uns alle „mannigfaltig verfehlen", kommt im Grundtext noch kräftiger zum Ausdruck: „Wir straucheln allsammt in Vielem", übersetzt Bengel.[199] Jakobus, der wahrlich besonnene Lehrer, schließt sich selbst mit ein. Zur Beherrschung der Zunge bedarf es nicht nur eines ungeteilten Herzen, sondern auch einer sehr hohen Selbstdisziplin. Denn das un*geteilte* Herz dürfen wir nicht mit dem un*verletzten* Herz verwechseln. Das ungeteilte Herz unterscheidet sich vom gespaltenen nicht dadurch, dass es un*verletzt* ist, sondern dadurch, dass es seine Verletzungen ehrlich wahrnimmt, bejaht und heilsam damit

---

[199] J.A. Bengel, a.a.O., 728.

umgeht. Das gespaltene Herz hingegen leugnet die Verletzung, indem es sie entweder verdrängt oder aus seiner Not eine Tugend macht. Dann hält es sich zum Beispiel völlig dazu berechtigt und womöglich sogar berufen, verhasste Feinde umzubringen.

Ungeteilt ist nicht das *geheilte*, sondern das *heilende* Herz. Wer nur authentische, stimmige, grundehrliche, wahrhaftige, konstruktive Worte des Friedens von sich geben würde, der wäre innerlich völlig heil. Für Jakobus liegt darin tatsächlich das *Ziel* der Heiligung: die „Vollkommenheit".[200] Aber Jakobus ist sicher, dass es keinen Christen gibt, der von sich behaupten dürfte, dort angelangt zu sein. So viel Heilung wir auch erfahren haben mögen, die wunden Punkte bleiben in uns und haben Einfluss auf unser Denken und Reden. Wir reagieren empfindlich, wenn sie berührt werden: Wir reden unbedacht heraus, weil wir uns ärgern, wir lügen, weil wir Angst haben, wir polieren unser Image durch schöne und besonders klug erscheinende Worte auf, wir folgen Vorurteilen und reagieren rechthaberisch, wenn sie sich nicht bestätigen.

Sowohl die Verletzungen wie auch die Heilung des Herzens wirken sich *leiblich* aus, sagt Jakobus hier. Leiblichkeit ist Konkretion: Es kommt zum Vorschein, es wird sichtbar. Leiblich ist das *Verhalten*. Konkret ist das, was man in einem Film sehen könnte. Sünde ist für Jakobus nur die *konkrete* Sünde, nämlich erkennbar schädigendes Verhalten. Glaube ist für ihn nur *konkreter* Glaube. Alles Vergeistigen der Glaubenswirklichkeit ist Geschwätz.

So hat auch Seelsorge nur Sinn, wenn sie konkret wird: Was ist konkret das Problem? Das bedeutet: In welchem konkreten Verhalten ist das Problem erkennbar? Und das Ziel der Seelsorge ist es, einen Menschen darin zu unterstützen, eine Verhaltensänderung zu erzielen,

---

[200] Die Vollkommenheit wird hier mit dem Wort *telos* = Ziel charakterisiert.

die darin besteht, dass er seinen Leib besser „im Zaum" hält, mit Jakobus gesprochen. Das bedeutet nichts anderes als ein selbstbestimmtes Verhalten, das sich möglichst optimal dazu eignet, die wahrhaftigen, konstruktiven Ziele des ungeteilten Herzens zu erreichen.

Dazu verwendet Jakobus die Metapher von Reiter und Pferd. Der Leib ist das Pferd. Der Zaum des Pferdes dient dazu, es auf das Ziel hin zu lenken, das der Reiter erreichen möchte.

Vers 3: Ross und Reiter

> Wenn wir den Pferden den Zaum ins Maul legen, damit sie uns gehorchen, so lenken wir ihren ganzen Leib.

Der Sinn des Zaums ist nicht Unterdrückung und Bekämpfung, sondern Steuerung, damit die Kraft des Pferdes dem Reiter optimal dient. Ein Pferd entfaltet seine wunderbaren Fähigkeiten dann am besten, wenn es sich wohl fühlt und seinem Reiter vertraut. Wenn es Angst vor dem Reiter hat, verkrampft es sich. Dann können die Steuerungsmaßnahmen des Reiters, die „Hilfen", wie man in der Reitersprache sagt, nicht oder nur mit roher Gewalt durchdringen, wodurch das Pferd dann allenfalls wie eine Maschine funktioniert, aber nur unter großem Druck und ohne Leichtigkeit und Eleganz. Hohe Reitkunst ist eine vertrauensvolle Symbiose von Reiter und Pferd, beide lassen sich ganz aufeinander ein und vollbringen miteinander ein Meisterwerk.

Wenn das Pferd der Leib ist, dann ist der Reiter der Geist. Das ungeteilte Herz ist nicht in einen Widerstreit von Geist und Leib gespalten, die beiden sind eins. Leibfeindlichkeit ist ein Symptom der Zwiegespaltenheit: Ich lebe im Widerspruch mit mir selbst, nicht im Frieden, ich bin nicht zuhause in meinem Leib, ich bekämpfe oder ignoriere um eines scheinbar höheren Ideals willen meine Natur.

Die Einheit von Geist und Leib entsteht nicht dadurch, dass der Geist sich seine Ziele vom Leib diktieren lässt. Der Geist kann sich im Leib nur zuhause fühlen, wenn er, wie der Reiter dem Pferd gegenüber, der Herr im Haus ist. Der Reiter pflegt ein freundliches Verhältnis zu seinem Pferd und nimmt seine Bedürfnisse ernst, aber er ordnet sich ihnen nicht unter, weil sonst seine eigenen Bedürfnisse keine Erfüllung fänden. In der Beziehung des Geistes zum Leib nennen wir das *Selbstbeherrschung* und *Emotionskontrolle.* Es geht darum, dass die Emotionen uns dienen, statt mit uns durchzugehen.

Der Geist ist das freie innere Selbst, das die äußeren Vorgänge, auch die des eigenen Leibes, wahrnimmt und beurteilt und souverän entscheidet, wie es damit umgehen will. Das sind Akte des *Denkens.* Um seine freien Entscheidungen umsetzen zu können, bedarf der Geist des Leibes. Das bedeutet: Der Spielraum der Freiheit wird um so größer, je höher die Selbstbeherrschung ist. Den Vorgang der Umsetzung nennen wir *Selbstverwirklichung* oder *Selbstentfaltung.* Frei sein kann der Mensch nur, wenn er sich selbst beherrscht.

Mit der Ross-und-Reiter-Metapher verwendet Jakobus ein Bild, das unübertrefflich gut das Grundprinzip Kognitiver Therapie und Seelsorge veranschaulicht. In diesem Sinne ist Kognitve Therapie und Seelsorge nichts anderes als Reitunterricht.

Verse 4-5: Die Tat kommt aus dem Wort

(4) Siehe, auch die Schiffe, obwohl sie so groß sind und von starken Winden getrieben werden, werden sie doch gelenkt mit einem kleinen Ruder, wohin der will, der es führt. (5) So ist auch die Zunge ein kleines Glied und richtet große Dinge an. Siehe, ein kleines Feuer, welch einen Wald zündet's an!

Das Bild vom Schiff sagt dasselbe wie das von Ross und Reiter, aber Jakobus holt jetzt außerdem sein Bild von

Wind und Wellen wieder dazu (1,6) und damit den lei-
tenden Gesichtspunkt der Anfechtung. Damit stellt er die
Selbstdisziplin in den Lebenszusammenhang des Einzelnen. Es geht darum, dass der Angefochtene sich nicht
von seiner Bestimmung ablenken lässt, sondern unbeirrt
und mutig Kurs hält. Für beides brauchen wir Weisheit:
Das Ziel unseres Lebens zu erkennen und den Weg dorthin zu finden. Das Ziel ist der Sinn, der Auftrag, die Berufung, also etwas Inneres, dessen wir uns selbst bewusst
werden: eine Frage des Selbst-Bewusstseins. Ungeteilten
Herzens kann ich nur sein, wenn ich weiß, wofür mein
Herz schlägt.

Wir sind die Steuerleute unseres Lebensschiffchens.
Das wahre Ziel für unsren Kurs finden wir, wenn unsere
eigenen Vorstellungen in Übereinstimmung mit dem
Plan unseres Schöpfers für unser Leben kommen. Das ist
Weisheit. Gott mutet uns zu, dass wir das Steuer selbst in
die Hand nehmen und alle Vernunft, Kraft und Fähigkeit
investieren, um selbst die Seefahrt zu bewältigen, wie
stürmisch sie auch werden mag. Unser Ruder, das die
Richtung bestimmt, ist die Zunge, sagt Jakobus. „Zunge"
ist der Gedanke, der uns über die Lippen kam, weil wir
ihn für fertig gedacht hielten; andernfalls hätten wir ihn
zurückgehalten und geschwiegen; aus dem zurückbehal-
tenen Wort, das wir nur dachten, wurde das *gegebene*
Wort. „Zunge" ist das wohl bedachte oder unbedachte
gegebene Wort.

Sturm und Wellen können wir nicht verhindern, aber
sinnvolle Gedanken können wir uns darüber machen.
Sinnvoll ist für den Steuermann immer die Frage, wie er
angesichts der Herausforderungen des Meeres den Kurs
halten kann. Was ist mein Ziel in dieser Situation? Worauf möchte ich hinaus? Was genau kommt auf mich zu?
Wie bewältige ich das Problem, statt darin unterzugehen?
Was muss ich mir sagen, um mich nicht irritieren und
entmutigen zu lassen? Welche Gedanken wir uns machen

und auf welche Gedanken wir uns letztlich festlegen, welche Gedanken also zum gegebenen Wort werden, das gelten soll, das allein entscheidet über unser Verhalten, ob es Schaden anrichtet oder Gutes bewirkt. Dabei „fehlen wir alle mannigfaltig". Aber es ist ein Unterschied, sich entweder von Wind und Wellen herumtreiben zu lassen oder einen guten Kurs, wenn er fehl gegangen ist, wieder zu korrigieren.

„Irrt euch nicht", sagt Jakobus wieder zwischen den Zeilen: Es ist nicht Gott, es sind nicht die Umstände, was euch zu zerstörerischen Worten und Verhaltensweisen treibt, die sich durch die Reaktionen derer multiplizieren, die ähnlich unbedacht darauf reagieren. Es sind die Gedanken, die ihr euch über das macht, was euch widerfährt. Es liegt an euch zu prüfen, was für Gedanken das sind, und achtsam damit umzugehen. Dass sie in euch aufsteigen, könnt ihr nicht verhindern. Aber ob sie euch zu unbedachtem Verhalten mit zerstörerischer Wirkung veranlassen oder nicht, das liegt allein an euch.

Diese Sätze könnten genauso in einem Lehrbuch für Kognitive Therapie stehen, denn deren Grundprinzip stimmt völlig mit dem überein, was Jakobus hier schreibt, wie auch das Grundprinzip der Lebensbewältigung bei seinen therapeutischen Zeitgenossen, den Stoikern.[201] Der einzige signifikante Unterschied zu ihrer Lehre besteht im absolut positiven Bild eines persönlich zugewandten Gottes. Und das ist auch der einzige signifikante Unterschied heute zwischen Kognitiver Therapie und christlicher Kognitiver Seelsorge.

---

[201] Das betrifft auch die Verwendung der Metaphern: „Die Bilder, die er [...] gebraucht, [...] waren auch in der stoischen Belehrung üblich." F. Hauck, a.a.O., 22.

Verse 6-8: Eine schwere Aufgabe

(6) Auch die Zunge ist ein Feuer, eine Welt voll Ungerechtigkeit. So ist die Zunge unter unsern Gliedern: sie befleckt den ganzen Leib und zündet die ganze Welt an und ist selbst von der Hölle entzündet. (7) Denn jede Art von Tieren und Vögeln und Schlangen und Seetieren wird gezähmt und ist gezähmt vom Menschen, (8) aber die Zunge kann kein Mensch zähmen, das unruhige Übel, voll tödlichen Giftes.

Geradezu *höllisch* ist es, was geschieht, wenn wir in in zerstörerische Gedanken einwilligen, die in uns aufsteigen, und sie zu Wort und Tat werden lassen. Es dürfte mittlerweile klar sein, dass Jakobus die Hölle nicht ins Spiel bringt, um unsere Verantwortung für das „tödliche Gift der Zunge" auf den Teufel abzuschieben oder sie zumindest mit ihm zu teilen. Keine Frage ist, dass der „Vater der Lüge" und „Mörder von Anfang an", wie Jesus den Teufel nennt,[202] allergrößtes Interesse daran hat, dass sich der Mensch verhält wie er. Aber dämonische Mächte *bewirken* das nicht in uns, sondern es sind unsere eigenen Produkte, für die wir darum auch selbst verantwortlich sind; allenfalls kann Dämonisches in die bereits vorhandene Glut „hineinblasen".

Jakobus bestätigt also durchaus nicht die Vorstellung, dass, um mit Luther zu sprechen, der Mensch wie ein Maultier sei, das entweder vom Teufel oder von Gott geritten wird. Nein, wir selbst sind die Hausherren in unserer leiblichen Existenz, die Kapitäne auf dem Lebensschiff. Der Heilige Geist ersetzt den Reiter nicht, so wenig wie der Teufel. Und darum ist die pessimistische Überlegung, dass die Zunge den ganzen Leib, ja die ganze Welt in Brand setzt und dass sie sich einfach nicht beherrschen lassen will, alles andere als der fatalistische Abgesang auf die stoische Ermutigung, das Denken nachhaltig zu verändern, sondern nichts als nüchterne Bestandsaufnahme:

---

[202] Joh 8,44.

So ist es leider um uns und die Welt bestellt, aber gerade darum ist es dringend geboten, sich nicht davon mitreißen lassen, sondern gegen den Strom zu waten, in der Unerschütterlichkeit der Hoffnung auf eine *neue* Welt im Glauben an den wahrhaft guten, *menschenfreundlichen* Gott.

Für das, was Luther als „die ganze Welt" übersetzt hat, die von der Zunge angezündet wird, verwendet Jakobus den eigenartigen Ausdruck „Rad des Werdens". Er scheint damit sowohl das Wachstum des Lebens als auch den Lebensumkreis zu meinen, auf den der Mensch mit allem Tun und Lassen bezogen ist, indem er Einfluss auf den Menschen nimmt und von ihm beeinflusst wird, die kommunikative Schicksalsgemeinschaft, das *System.* Jakobus denkt ganzheitlich: Für die Seele recht sorgen können wir nur, wenn wir den Menschen gleichermaßen in seiner spirituellen, seiner personalen und seiner systemischen Existenz wahrnehmen und ernstnehmen. Mein Lebensumkreis fängt zerstörerisches Feuer, wenn ich destruktiv auf Destruktives oder als destruktiv Missverstandenes meiner Umwelt reagiere und sie ebenso auf mich. So wird der Kreis des Lebens zum Teufelskreis, statt Versöhnung wird Entzweiung, statt Frieden wird Krieg. Gleiches wird mit Gleichem vergolten und das Gleiche ist das Böse.[203]

Wie wir denken, so kommunizieren wird. Der innere Dialog bereitet den äußeren vor. Gedanken des Friedens führen zu Worten und Taten des Friedens. Man mag das, was daraus wird, einen kultivierten Umgang nennen. Es herrscht ein sehr weit verbreiteter fataler Irrtum, dass man einen Kommunikationsstil, der Frieden schafft, wahrt und festigt, nicht lernen und ernsthaft üben muss. Wir müssen ihn üben wie eine hohe Kunst, wenn nicht, stellt er sich nicht ein. Es es ist die Kunst der konstrukti-

---

[203] Rö 12,17; 1Pt 3,9.

ven Selbstbeherrschung im Miteinander. Uns steht heute ein gutes Wort dafür zur Verfügung: *Sozialkompetenz*. Der Kommunikationsstil ist die Nabe im Rad des Werdens, hier setzt die Achse ein, hier wird es gelenkt. Hier entscheidet sich, ob es einen Fortschritt hin zu mehr Menschlichkeit gibt oder ob wir bis zum kollektiven Ausbrennen als friedlos Getriebene rotieren und unser Miteinander vergiften.

Die Aufgabe ist schwer, was zumindest jeder weiß, der entschieden damit begonnen hat, sozialkompetentes Kommunikationsverhalten im konkreten Alltag zu praktizieren. Aber die Aufgabe ist klar gesetzt und wenn wir nicht resignieren, wird tatsächlich Friede. Anders wird er *nicht*. Es gibt keine Alternative, als „die Zunge, die kein Mensch zähmen kann", dennoch beherrschen zu lernen, um des Friedens willen. Jakobus will nicht sagen, dass es unmöglich ist, oder gar dass der Heilige Geist uns ganz von selbst zu Menschen des Friedens macht. Das wäre Glaube ohne Werke. Das immer neue Scheitern an der Aufgabe ist mancherlei Anfechtung. Aber sie darf uns Freude sein in der geduldigen Hoffnung, dass es besser wird, weil Gott uns gern die Weisheit schenkt, die wir dafür so dringend brauchen.

Verse 9-12: Sowohl böse als auch gut

(9) Mit ihr loben wir den Herrn und Vater, und mit ihr fluchen wir den Menschen, die nach dem Bilde Gottes gemacht sind. (10) Aus einem Munde kommt Loben und Fluchen. Das soll nicht so sein, liebe Brüder. (11) Lässt auch die Quelle aus einem Loch süßes und bitteres Wasser fließen? (12) Kann auch, liebe Brüder, ein Feigenbaum Oliven oder ein Weinstock Feigen tragen? So kann auch eine salzige Quelle nicht süßes Wasser geben.

Es ist ein theologischer Kardinalirrtum, um nicht *Irrlehre* zu sagen, dem Menschen die Fähigkeit zum Frieden abzusprechen. Wer von dieser Voraussetzung ausgeht, ist geneigt, den ganzen Jakobusbrief und darin besonders die unangenehm ernsten Passagen wie diese als vernichtendes Urteil über die Gottlosigkeit der Menschen zu interpretieren, die mit all ihren Versuchen, Frieden zu schaffen, doch nicht weiterkommen. Dementsprechend legt etwa Friedrich Hauck den Abschnitt aus:

> *„Das ist die Art des Sittenlehrers, der das Schlimme dem Blick preisgeben will, um davor zu warnen. Jakobus gibt keinen Weg an, der den Menschen zu einem Fortschritt in der Beherrschung der Zunge führen kann [...], weil es ihm nach dem Zusammenhang nur auf Abschreckung ankommt. Soll der Leser unter seinen harten Tadelworten nicht verzagen, so muß er sich auf das besinnen, wie seine fromme Kraft gegenüber den angegebenen Schäden dennoch den Sieg gewinnen kann".*[204]

Dahinter steckt jene Anschauung, dass der Mensch entweder vom Teufel oder vom Heiligen Geist geritten wird: Ich bin nur ein Wildpferd und durchweg böse noch dazu, wenn Gott mich nicht einfängt, verwandelt und zähmt, denn ohne Verwandlung werde ich leider auch unbezähmbar bleiben. Meine Vernunft, also der Reiter in mir, ist völlig unbrauchbar, sie muss ausgewechselt werden durch die höhere Vernunft Gottes. Das ist die „fromme Kraft". Aber gerade davon spricht Jakobus *nicht*! Gerade *das* ist der missverstandene Paulus, der tote Glaube ohne Werke. Gott soll mich ersetzen, weil ich ja doch nur voller Gift bin. Dadurch wertet sich der Mensch nicht nur im Übermaß selbst ab, sondern er degradiert sich auch zu einem willenlosen Funktionsorgan entweder des Teufels oder des Heiligen Geistes. Die Erfüllung mit dem Heiligen Geist gleicht dann der Erfüllung eines leeren Handschuhs mit der Hand; es ist ein reines Marionettendasein.

Jakobus sagt hingegen: Was wir hervorbringen, unser

---

[204] F. Hauck, a.a.O., 24.

Verhalten also, ist durchaus nicht nur durchweg böse oder gut, sondern es ist eine heterogene Mischung aus Konstruktivität und Destruktivität. Das nötigt zur Differenzierung: Die Tatsache, dass ein Mensch destruktives Verhalten zeigt, macht ihn darum nicht als ganzen Menschen zu einem bösen Unwesen. Die Schlussfolgerung, dass einer böse ist, weil er Böses tut, ist falsch. Nein, das Böse ist so böse, wie es ist, aber es gibt auch noch andere Seiten an ihm, weil das Menschsein immer beides enthält. So geht auch Jakobus davon aus, dass es sich nun einmal so verhält: Die Quelle unseres Herzens produziert beides, Böses und Gutes. Das verbietet uns einerseits, irgendeinen Menschen pauschal zu verurteilen, und es verpflichtet uns, die Frage des Selbstwerts von der Frage des angemessenen Verhaltens abzukoppeln. Andererseits lässt Jakobus auch, Gott sei Dank, keinen Zweifel daran, dass destruktives Kommunikationsverhalten nicht gut geheißen werden kann: „Das soll nicht so sein!" Jeder wirkliche moralische Fehler ist wirklich ein *Fehler*, der besser *nicht* geschehen wäre und nur darin Sinn finden kann, dass wir daraus lernen, um uns in Zukunft *anders* zu verhalten.

Das Rad des Werdens soll eine Aufwärtsspirale wachsender Humanität sein! Dazu gibt es keine Alternative: Entweder Teufelskreis oder Wachstumsgewinn. Es gibt keine Alternative, weil es nichts zwischen Fortschritt und Rückschritt gibt und weil es an uns liegt, wohin sich das Rad bewegt. Wenn wir nicht mit allem Ernst daran arbeiten, das Salz der Bitterkeit unserer Herzensquelle zu mimimieren, indem wir aktiv Versöhnung und Frieden suchen, wird es unser Inneres mehr und mehr beherrschen und es wird uns zu wenig Konstruktives gelingen. Die Quelle wird zur toten Quelle, sie versalzt. Das Süßwasser hingegen, das sie lebendig erhält, ist „die Weisheit, die von oben kommt".

Verse 13-16: Destruktive Pseudoweisheit

(13) Wer ist weise und klug unter euch? Der zeige mit seinem guten Wandel seine Werke in Sanftmut und Weisheit. (14) Habt ihr aber bittern Neid und Streit in eurem Herzen, so rühmt euch nicht und lügt nicht der Wahrheit zuwider. (15) Das ist nicht die Weisheit, die von oben herabkommt, sondern sie ist irdisch, niedrig und teuflisch. (16) Denn wo Neid und Streit ist, da sind Unordnung und lauter böse Dinge.

„Wie man denkt, so lebt man."[205] Die Antwort auf die Bitte um Weisheit erfüllt sich in konkreten Verhaltensweisen. Jakobus macht noch einmal sehr deutlich, welche er meint: Ein Kommunizieren, das dem Frieden dient. Sanftmut ist „das Gegenteil von allem herrischen, brüsken, harten und schroffen Wesen, mit dem wir Menschen uns gegenseitig anfassen und einander zu imponieren suchen", erklärt Thurneysen.[206] Sanftmut geht aus der inneren Stärke des ungeteilten Herzens hervor, das mit sich selbst im Frieden ist. Das gespaltene Herz hingegen befindet sich im Dauerstreit mit sich selbst. Es ist angefüllt mit Bitterkeit. Es ist Gott, den andern und sich selbst böse. Es meint immer zu kurz zu kommen und steht darum in andauernder angespannter Konkurrenz zu den Mitmenschen, denen es dem äußeren Schein nach so viel besser geht. Es verhärtet sich: Es macht sich äußerlich stark, gibt sich eine harte Schale, um die innere Verletztheit zu leugnen. Es „rühmt sich" aus Neid und Streit heraus, es tut sich wichtig, macht sich groß, tritt mit Imponiergehabe auf, um sich den Respekt zu verschaffen, der ihm versagt geblieben ist. Es lügt sich selbst etwas vor und setzt Gott und den Mitmenschen gegenüber auf den äußeren Eindruck. Daraus werden „Unordnung und lauter böse Dinge", was nichts anderes ist als Destruktivität.

„Niedrig und teuflisch" ist die Pseudoweisheit des ge-

---

[205] E. Thurneysen, a.a.O., 136.
[206] Ebd., 138.

spaltenen Herzens. Da ist aber der griechische Text nicht
präzise wiedergegeben. Tatsächlich steht hier „psychisch
und dämonisch". Jakobus verteufelt hiermit nicht die
Seelenkräfte, aber er weist darauf hin, dass sie dämonisch
destruktive Wirkungen entfalten können, wenn wir sie
nicht so beherrschen wie der gute Reiter sein Pferd. Er
meint die ungezügelten Emotionen, die Versklavung unter Leidenschaften und Triebe und das, was daraus erwächst.

Der bittere Neid und Streit[207] findet den Weg zum
Mitmenschen nur kriecherisch von unten herauf oder
herrisch von oben herab. Er huldigt unaufrichtig den äußerlich Glänzenden und er demütigt die äußerlich Glanz-
losen, die unter seiner Würde zu sein scheinen. Dämonisch ist das der Wirkung wegen, denn durch das Zusam-
menwirken des Unterdrückens und Buckelns stabilisieren
sich alle menschenverachtenden Systeme. „Die Weisheit
von unten, die Weisheit der Gewalt und der Härte,
zwingt die Völker wohl äußerlich zusammen, aber sie
läßt sie innerlich nur um so furchtbarer auseinanderbre-
chen"[208], predigte Thurneysen zu diesen Versen angesichts der entfesselten Dämonie des Naziregimes und seiner Artverwandten im Zweiten Weltkrieg.

---

[207] Thurneysen übersetzt „Zank", um den Unterschied zu sinnvollem
Streit zum Ausdruck zu bringen. Zank heißt leidenschaftlich werden
miteinander im schlimmen Sinne." Ebd., 141.
[208] Ebd.

Verse 17-18: Frieden stiften

(17) Die Weisheit aber von oben her ist zuerst lauter, dann friedfertig, gütig, lässt sich etwas sagen, ist reich an Barmherzigkeit und guten Früchten, unparteiisch, ohne Heuchelei. (18) Die Frucht der Gerechtigkeit aber wird gesät in Frieden für die, die Frieden stiften.

Abschließend bringt Jakobus noch einmal mit sehr klaren Worten auf den Punkt, worin das Werk des Glaubens besteht, durch das er sein Echtheitssiegel erhält: Er bewirkt, dass wir zu *Friedensstiftern* werden. Frieden zu stiften ist die Grundberufung des Christen und wenn er um Weisheit bittet, den Weg des Friedens zu erkennen, dann wird er ihn schon finden, und auf dem Weg werden sich seine Gaben entfalten. Aber der Friede ist das höhere Gut als die Gabenentfaltung, oder mit anderen Worten: Selbstverwirklichung erfüllt sich nur darin, Frieden zu stiften. Wenn nicht, treibt uns Neid und Streit dazu an, weil wir in uns selbst keinen Frieden haben.

Die Weisheit „von oben her" kommt nicht von oben herab. Sie erweist sich darin, dass wir uns den Mitmenschen von *unten* her zuwenden, nicht kriecherisch, aber um zu dienen. „Ein Beispiel habe ich euch gegeben", sagte Jesus den Jüngern nach der Fußwaschung, „damit ihr tut, wie ich euch getan habe."[209] Weisheit von unten kommt von oben herab und wäscht den andern den Kopf, Weisheit von oben kommt von unten herzu, um die Füße zu waschen. Dort unten findet sie sich auch auf Augenhöhe mit den Erniedrigten, die aus den Münden derer, die sich groß tun, hören mussten: „Setze dich unten zu meinen Füßen!"[210]

Die Adjektive, mit denen Jakobus die Weisheit von oben charakterisiert, beschreiben sie als Friedensstifterin. Sie ist „lauter", also ehrlich, echt, authentisch, wahrhaf-

---

[209] Joh 13,15.
[210] 2,3.

tig. Das ist sie zuerst und dann erst kommt die Friedfertigkeit mit ihren Attributen! Wieder werden wir daran erinnert, dass die Quelle des Friedens das ungeteilte Herz ist. Statt „gütig" mag man besser „freundlich" übersetzen.[211] Die Weisheit von oben möchte den Mitmenschen, so fremd sie ihm auch erscheinen, so sehr sie auch ihr Verhalten befremdet, als Freund begegnen, statt misstrauisch Mauern des Vorurteils zu errichten. Weil Barmherzigkeit sie bewegt, will sie verstehen statt zu richten, und weil sie verstehen möchte, überwindet sie ihre Vorurteile und wird barmherzig. Denn „sie lässt sich etwas sagen": sie ist lernbereit, unvoreingenommen,[212] offen für neue Erkenntnis, ehrlich interessiert an der Perspektive des andern, stets darauf bedacht, wahrhaftiger zu werden und darum dankbar für hilfreiche Kurskorrektur.

Wo die Barmherzigkeit ist, da sind auch die „guten Früchte", wo Frieden gestiftet wird, herrscht das Leben, da wird der Mensch erst recht zum Menschen, da hat sein Tun und Lassen Sinn, da wächst organisch Gutes zur Stärkung des Friedens aus den entfalteten Blüten der Begabungen. „Frucht der Gerechtigkeit" sagt Jakobus dazu. Das zeigt, dass wahre Gerechtigkeit in seinen Augen das Gegenstück zur *Selbst*gerechtigkeit ist, aus der die Rechthaberei entsteht, das gnadenlose Richten, das erbarmungslose Pochen auf Richtigkeiten. Der Gerechte ist der Friedfertige. Ihm ist verheißen, dass er selbst die gute Frucht des Friedens ernten wird, den er gesät hat.

[211] A. Schlatter, a.a.O., 118.
[212] „Unparteiisch", der Übersetzung nach.

Viertes Kapitel

Verse 1-2: Sinnloser Stress

> (1) Woher kommt der Kampf unter euch, woher der Streit? Kommt's nicht daher, dass in euren Gliedern die Gelüste gegeneinander streiten? (2) Ihr seid begierig und erlangt's nicht; ihr mordet und neidet und gewinnt nichts; ihr streitet und kämpft und habt nichts, weil ihr nicht bittet

Jakobus spricht hier nicht vom Zustand eines Menschen, der noch nicht zum Glauben gefunden hat. Er schreibt einen Rundbrief an die *Insider* des Glaubens! Ihnen gegenüber wird er jetzt sehr konfrontativ: Wenn unser Glaube ohne Wirkung im Leben ist, dann ist er Pseudoglaube, wenn unsere Weisheit nicht jene Weisheit „von oben" ist, dann ist sie Pseudoweisheit, dann sind wir zwar Christen dem äußeren Schein nach, aber nicht dem Herzen nach, denn der Glaube hat unsere Herzen nicht erreicht.

Genau genommen steht hier im griechischen Text: „der *Krieg in* euch". Wer nicht mit sich selbst im Frieden ist, der ist mit sich selbst im Krieg. „*Unter* euch" zu übersetzen ist aber ebenfalls richtig. Der Krieg *in* uns ist schuld am Krieg *unter* uns.

Der hin und her geworfene innerlich gespaltene Christ ist voller Sorge und wird sie nicht los. Wenn Habsucht und Geltungssucht die Zerrissenheit des Herzens heilen sollen, wird nie Friede einkehren, weder bei denen, die sich auf mörderische Weise durchsetzen noch bei denen, die es ihnen neiden: Sie haben nichts als immer neue und noch ärgere Sorge davon. Jakobus nimmt kein Blatt vor den Mund: Macht und Reichtum nennt er, wenn sie nicht im Dienst des Friedens und der Barmherzigkeit stehen, schlicht und einfach „Mord". Der Reiche aus dem Gleichnis Jesu erbarmt sich nicht über den armen Lazarus, der vor die Hunde gegangen ist, der da draußen vor der Tür, wo er hoffentlich nicht stört, bei den Hunden liegt.[213] Für Jakobus ist dieser Reiche *schuld* an Lazarus elendem Tod. „Der gesagt hat: 'Du sollst nicht ehebrechen', der hat auch gesagt: 'Du sollst nicht töten.'" Der pharisäische Christ, der so viel Wert auf den äußeren Schein moralischer Unbescholtenheit legt, mordet, ohne sich die Hände dabei schmutzig zu machen, denn er mordet nicht durch die Tat, sondern durch die *Unterlassung.* Er erbarmt sich nicht, wo er sich erbarmen sollte. Er drängt den Armen, den er zu seinen Füßen hockend nur ungern duldet, ganz unauffällig vor die Tür hinaus, entfernt ihn aus dem Blickfeld. Er bringt ihn nicht um, er entsorgt ihn nur. Er schiebt ihn ab. Er tut nichts greifbar Böses, er schließt nur die Tür. Und dann geht ihn der Sterbende da draußen nichts mehr an. Dieser Mord, den Jakobus beim Namen nennt, ist der gesellschaftsfähige Mord, der leise, schleichende Mord, der sich aller Strafverfolgung entzieht, weil er scheinbar ganz von selbst, ganz ohne Schuldigen den Tod herbeiführt. Dieser Mord hat einen Namen: *Ignoranz.*

Aber auch im *Neiden* liegt der Keim zum Mord. „Wer nämlich seiner Begierde den Lauf läßt, der wünscht den Besitzer des begehrten Gegenstands weg."[214] Den Neidbesessenen erfüllt ja die gleiche Habsucht wie den raffenden und hortenden Reichen und Mächtigen. Wenn der Neid sein Ziel erreicht, schlägt er um zu *Geiz.* Beide, Neid und Geiz, setzen das Haben an die Stelle des Seins. Über beide regiert der Sorgengeist.

Ihr gewinnt nichts, „weil ihr nicht bittet", behauptet Jakobus. Aber ihm ist bewusst, dass er das noch erklären muss, um richtig verstanden zu werden.

---

[213] Lk 16,19ff.

[214] J.A. Bengel, a.a.O., 732.

Vers 3: Gebet, das nicht erhört wird

ihr bittet und empfangt nichts, weil ihr in übler Absicht bittet, nämlich damit ihr's für eure Gelüste vergeuden könnt.

Es ist ja nicht so, dass sie nichts haben. Einige der Angeredeten haben sogar sehr viel, denn sie sind reich. Und es ist auch anzunehmen, dass sie als Christen ihre reichliche Habe auf die Erfüllung der Bitte um das tägliche Brot zurückführen, wie auch die Armen darum für ihre kärgliche Habe danken, weil sie immerhin zum Überleben reicht. Jakobus meint offenbar andere Bitten, die erkennbar *keine* Erfüllung finden. Es gibt viel Gebet solcher Art unter Christen. Jakobus zeigt das Grundmuster dieses Betens auf: Es geschieht „in übler Absicht", „damit ih's für eure Gelüste vergeuden könnt."

„Gott läßt sich nicht zum Diener unserer eigensüchtigen Begierden machen", kommentiert Schlatter.[215] Das können wir natürlich zu Recht auf die kindliche Vorstellung beziehen, Gott sei wie ein Automat, in den man nur das passende Gebet einwerfen muss, um das gewünschte Ergebnis zu erhalten. Aber so naiv sind die meisten Christen nicht. Vielmehr spricht Jakobus wieder wie am Beginn des Briefs von jenem Menschen des Zwiespalts, der nicht meinen solle, etwas von Gott zu empfangen, weil er „unbeständig auf allen seinen Wegen" ist.[216] Wir sahen, dass ein solcher gar nicht weiß, was er will, weil er nicht bei sich selbst ist. Darum sucht er sein Glück da, wo es nicht zu finden ist. Er setzt auf das Haben statt auf das Sein. Und weil alles, was er begehrt, ihm keinen Frieden bringen kann, weiß er es nicht zu schätzen. Er „vergeudet es". Seine innere Gespaltenheit versalzt die Quelle seines Glücks. Aller Wunsch, der ihm in Erfüllung geht, steigert

---

[215] A. Schlatter, a.a.O., 195.
[216] 1,7f.

nur den Durst nach mehr. Das nennt Jakobus „üble Absicht". Sie ist Selbstbetrug. Es kommt nur Übles heraus dabei.

Das geteilte Herz empfängt nichts, wenn es betet, weil es nicht das erbittet, was es braucht, sondern das, was ihm schadet: Besitztümer als Ersatz für die Freiheit, der es sich verweigert, Konfliktlösungen als Ersatz für die Verantwortung, die es leugnet, weil es sich selbst nicht traut. Das hart empfundene Nein Gottes bedeutet dann nichts anderes als Entzug: nicht der Liebe, wie der Beter denkt, sondern der Sucht nach dem Ersatz für das ungeteilte Herz. Die Sucht kann überaus fromme Formen annehmen und überaus hingebungsvollen Eindruck machen: Gott allein möge das Herz ausfüllen, er allein möge alle Entscheidungen treffen, blind will ich mich von ihm führen lassen, fest an seine Hand geklammert, ganz von ihm will ich mich tragen lassen. Darum sagt Jesus am Ende seiner Lehrpredigt über das Beten im Lukasevangelium *nicht*: „Vertraut darauf, dass Gott wie ein lieber Vater eure Herzenswünsche erfüllen und eure Konflikte lösen wird", sondern: „Er wird den *Heiligen Geist* geben denen, die ihn bitten."[217] Jakobus schließt sich nahtlos an, indem er dazu auffordert, um *Weisheit* zu bitten, und zusichert, dass Gott diese Bitte ganz gewiss erhört. Der Heilige Geist ist der Geist der Weisheit. Das ist die Weisheit „von oben". Aus der Weisheit von oben zu leben, das ist Gottes Wille und unsere Bestimmung. Und das bedeutet, in echter innerer Unabhängigkeit und freier Verantwortung ungeteilten Herzens Frieden zu stiften. Wenn wir darum bitten, dürfen wir der Erhörung offenbar gewiss sein.

Bengel schreibt, dass dieser Abschnitt und Psalm 62 wie auch der „ganze Psalm und der ganze Brief Jakobi [...] überhaupt in ihrem ganzen Ton große Aehnlichkeit""

---

[217] Lk 11,13.

aufweisen. Es lohnt sich in der Tat, sich den Inhalt des Psalms an dieser Stelle zu vergegenwärtigen.

(2) Meine Seele ist stille zu Gott, der mir hilft. (3) Denn er ist mein Fels, meine Hilfe, mein Schutz, dass ich gewiss nicht fallen werde. (4) Wie lange stellt ihr alle einem nach, wollt alle ihn morden, als wäre er eine hangende Wand und eine rissige Mauer? (5) Sie denken nur, wie sie ihn stürzen, haben Gefallen am Lügen; mit dem Munde segnen sie, aber im Herzen fluchen sie. [...]. (6) Aber sei nur stille zu Gott, meine Seele; denn er ist meine Hoffnung. (7) Er ist mein Fels, meine Hilfe und mein Schutz, dass ich nicht fallen werde. (8) Bei Gott ist mein Heil und meine Ehre, der Fels meiner Stärke, meine Zuversicht ist bei Gott. (9) Hoffet auf ihn allezeit, liebe Leute, schüttet euer Herz vor ihm aus; Gott ist unsre Zuversicht. [...] (10) Aber Menschen sind ja nichts, große Leute täuschen auch; sie wiegen weniger als nichts, so viel ihrer sind. (11) Verlasst euch nicht auf Gewalt und setzt auf Raub nicht eitle Hoffnung; fällt euch Reichtum zu, so hängt euer Herz nicht daran.

„Meine Seele ist stille zu Gott, der mir hilft." Hier zeigt sich, was Jakobus unter einem Beten versteht, das Erhörungsgewissheit beanspruchen darf. Es geschieht in stiller Einkehr. Es muss gar nichts geredet werden. Es vollzieht sich in der stillen Neuausrichtung auf den Gott, „der mir hilft", den Gebe-Gott. Dieses Beten ist der Anker, an dem die Seele sich fest macht, um nicht mehr von den Stürmen hin und her geworfen zu sein, die der Sorgengeist entfacht. Dieses Beten widersteht der Sorge. Es ist das Beten der Geduld, das in die Hoffnung zurück lenkt. Es besteht nicht im Aufzählen von Bitten und im Beharren auf Erfüllung, sondern in der kontemplativen Betrachtung des absolut positiven Gottesbildes, das Jakobus am Beginn seines Briefes beschrieben hat. Daraus entstehen neue Bilder des Trostes und dadurch wiederum verliert die Sorge ihre Macht. Je stärker das Vertrauen in die Liebe Gottes wird, desto deutlicher entlarvt sich der trügerische Schein von Besitz und Reichtum, desto leichter fällt es, innerlich davon frei zu werden.

Vers 4: Männliche Ehebrecherinnen

Ihr Abtrünnigen, wisst ihr nicht, dass Freundschaft mit der Welt Feindschaft mit Gott ist? Wer der Welt Freund sein will, der wird Gottes Feind sein.

Wir mögen mutmaßen, dass Jakobus ein bisschen viel und ein bisschen arg kritisch über Reichtum und Macht spricht. Aber wieder sagt er nichts anderes als vor ihm Jesus: „Niemand kann zwei Herren dienen: Entweder er wird den einen hassen und den andern lieben, oder er wird an dem einen hängen und den andern verachten. Ihr könnt nicht Gott dienen und dem Mammon."[218] „Mammon" ist das aramäische Wort für Besitz. Sich vom Sorgengeist beherrschen zu lassen bedeutet, versklavt unter Mammon zu sein; mit einem anderen Wort: habsüchtig zu sein. Denn Habsucht ist der innere Zwang, haben zu müssen, der Entbehrung für eine Katastrophe hält, die auf gar keinen Fall eintreten darf. Der Mammon und nichts anderes ist der Geist der Welt, von dem das ganze Neue Testament so eindringlich warnt, und „Freundschaft mit der Welt" ist nichts anderes als Verehrung des Mammon. Genau wie Jesus klärt Jakobus, dass die Liebe zu Gott damit nicht kompatibel ist.

Ungeteilten Herzens sein ganzes Vertrauen auf den Gebe-Gott zu setzen ist leicht gesagt, solange er uns genügend Wohlstand beschert. Anders wird es, wenn wir ernsthaft wie der „reiche Jüngling"[219] aufgefordert sind, unseren Reichtum loszulassen oder wenn uns der Wohl-

---

[218] Mt 6,24.

[219] Mk 10,17-27.

stand nachhaltig versagt bleibt. Dann erst zeigt sich wirklich, woran unser Herz hängt. Darum wählt Jakobus als Prototyp wahren Glaubens und ebenso auch wahrer Anfechtung die Opferung Isaaks.[220] Abraham ist ernsthaft aufgefordert, das zu opfern, woran sein Herz hängt. Isaak steht für seine Habe, sein Vermögen, sein Kapital: Darauf setzt Abraham, darauf hofft er, darin sieht er seine Zukunft.

„Ihr Abtrünnigen" heißt, Schlatter zufolge, wörtlich im Griechischen „ihr Ehebrecherinnen. Er heißt die Männer mit geteiltem Herzen so."[221] Zuvor schon hatte Jakobus die einseitige Fokussierung des Gebots „Du sollst nicht ehebrechen" in den Gemeinden kritisiert, um herauszustellen, dass mörderisches Verhalten um der Habsucht willen mindestens genauso destruktiv ist. Wenn er die Frommen mit den moralisch weißen Westen, deren höchstes Gut der Besitz ist, nun mit dem Etikett „Ehebrecherin" versieht, nimmt er wahrscheinlich darauf Bezug. Gern projizieren sie ihre eigene Sünde auf das unmoralische Verhalten von Menschen, denen es nicht gelungen ist, den Schein der Tadellosigkeit zu wahren, und dazu bediente man sich damals wie heute mit Vorliebe solcher Menschen, die sexuell Anstößiges vollzogen. Am besten schien sich in der damaligen Männergesellschaft das „schwache Geschlecht" dafür zu eignen, dem man ohnehin unterstellte, die Wurzel allen Übels zu sein. Jakobus hält den pharisäischen Christen den Spiegel vor: Was ihr so hart verurteilt, ist euer eigenes Spiegelbild.

---

[220] 2,21.

[221] A. Schlatter, a.a.O., 195.

Vers 5-7: Trotz allem vertrauen

(5) Oder meint ihr, die Schrift sage umsonst: Mit Eifer wacht Gott über den Geist, den er in uns hat wohnen lassen, (6) und gibt umso reichlicher Gnade? Darum heißt es: „Gott widersteht den Hochmütigen, aber den Demütigen gibt er Gnade." (7) So seid nun Gott untertan. Widersteht dem Teufel, so flieht er von euch.

Der habsüchtige Geist der Welt ist der Geist des Hochmuts. Auffällig ist die Parallele dieser Passage zu 1Pt 5,5-9, wo ebenfalls Hochmut, Demut, Sorgengeist und Widerstand gegen den Teufel in unmittelbaren Zusammenhang gebracht sind. Der Geist, den Gott in uns wohnen lässt, ist der Geist wahrer innerer Freiheit und völligen Vertrauens in den absolut positiven, ganz und gar dem Einzelnen zugewandten Gott. Ihm untertan zu sein oder, wie Petrus es ausdrückt, sich „unter seine gewaltige Hand zu demütigen", meint die entschlossene Akzeptanz der mancherlei Anfechtungen im Widerstand gegen die Versuchung, in dem Erfahrenen den Beweis dafür zu finden, dass Gott ganz sicher *nicht* vertrauenswürdig ist.

Unserer Habsucht steht die liebevolle *Eifersucht* Gottes entgegen. „Wir sollen einzig ihm gehören; er teilt sich nicht mit anderen in die Herrschaft über das Menschenherz."[222] Der Gebe-Gott verlangt das ungeteilte Herz. „Höre, Israel, der Herr ist unser Gott, der Herr allein. Und du sollst den Herrn, deinen Gott, lieb haben von ganzem Herzen, von ganzer Seele und mit all deiner Kraft."[223] Darin mag ein weiterer Grund dafür liegen, dass Jakobus den Zwiegespaltenen einen Ehebrecher nennt. Wie Adam und Eva schenkt er der Stimme des destruktiven Zweifels Gehör, der sich zwischen sie und Gott drängt, um die ungetrübte Beziehung zu zerstören.

---

[222] A. Schlatter, a.a.O., 197.
[223] Deut 6,4f.

Indem sie dem Misstrauen zustimmen, gewinnt es Herrschaft über sie und entzweit darum auch ihre eigene Gemeinschaft. Das setzt sich fort, in die Unheilsgeschichte aller neu entstehenden Systeme menschlicher Gemeinschaft hinein. Kain mordet Abel, weil er Gott und seinem Bruder gleichermaßen misstraut.

Die „reichliche Gnade" des Gebe-Gottes ist seine ungeteilte Gunst, die das ungeteilte Herz erfährt. Jakobus widerspricht entschieden der Vorstellung, dass Gott sie uns verschließt, weil wir ihn kränken. Er macht niemandem Vorhaltungen, gern zu schenken ist sein Wesen. „Barmherzig und gnädig ist der Herr, geduldig und von großer Güte. Er handelt nicht mit uns nach unsern Sünden und vergilt uns nicht nach unsrer Missetat."[224] Wenn das Misstrauen Macht über uns gewinnt, halten wir aber Gott für einen extrem mimosenhaften Tyrannen mit maßlosem Heiligkeitsanspruch, der uns unbegreiflich bleiben muss, der ihn aber dazu berechtigt, uns wegen jeder noch so kleinen Abweichung von seinem überstrengen Moralkodex alle Liebe zu entziehen, uns mit der Hölle zu drohen und uns letztlich auch dorthin zu *werfen*, wenn wir selbst nicht heilig werden. Das ist die Apotheose des krankhaften Zwangs, das teuflische Gegenbild zum Gebe-Gott. Nein, antwortet Jakobus, nicht Gott selbst ist der Grund dafür, dass ihr seine ungeteilte Gunst nicht erfahrt, sondern euer unnötiges Misstrauen. Gottes Tür ist weit geöffnet für euch, aber ihr kommt nicht zu ihm, weil ihr euch einbildet, sie sei verriegelt. Gott will euch die leeren Hände füllen, aber ihr macht sie zu Fäusten, indem ihr krampfhaft eure Habe umklammert.

Trotz allem ganz auf das Vertrauen zu setzen, das ist es, was Jakobus mit *Demut* meint. Es ist die entschlossene Absage an den Sorgengeist. Genau wie Petrus[225] identifi-

---

[224] Psalm 103,8.10.

[225] 1Pt 5,7f.

ziert Jakobus ihn mit dem Teufel. Der Sorgengeist ist der Geist des Misstrauens. Widerstand gegen den Teufel geschieht ausschließlich durch das Vertrauen auf den Gebe-Gott. Schlatter schreibt:

> „Wir sind gegen die Mächte, die von unten stammen, geschützt, sowie wir uns von ihnen abwenden. Unter die satanische Herrschaft fällt nur, wer darunter fallen will. Nur dürfen wir nicht vergessen, daß wir dem Satan nur dadurch Widerstand leisten können, daß wir uns Gott unterwerfen. [...] Wer sich gegen Gott weich und biegsam macht, macht sich gegen den Satan fest und hart".[226]

Wir begegnen in der Seelsorge häufig der Frage, welche Rolle dämonische Mächte bei der Entstehung psychischer Störungen spielen und wie die Auseinandersetzung mit ihnen am besten gelingt. Manche Seelsorgekonzeptionen sind stark auf die unmittelbare Konfrontation mit Dämonen ausgerichtet. Es ist fraglich, ob Jakobus das bestätigen würde.

Vers 8-10: Ehrlich werden

(8) Naht euch zu Gott, so naht er sich zu euch. Reinigt die Hände, ihr Sünder, und heiligt eure Herzen, ihr Wankelmütigen. (9) Jammert und klagt und weint; euer Lachen verkehre sich in Weinen und eure Freude in Traurigkeit. (10) Demütigt euch vor dem Herrn, so wird er euch erhöhen.

Wieder kommt es entscheidend darauf an, welchen Gott wir uns vorstellen, wenn wir diese Verse lesen. Der narzisstische Tyrann des Kosmos redet zum Verwechseln ähnlich: „Zeige erst mal guten Willen und fromme Leistung, und dann werde ich mir überlegen, ob ich dir ent-

---

[226] A. Schlatter, a.a.O., 198.

gegenkomme." Aber der Gebe-Gott, der niemand Bedingungen stellt, kann so nicht sein. Wieder hat Adolf Schlatter die Stelle überzeugend kommentiert:

> „Treten wir zu ihm heran, so macht er sich für uns zum gegenwärtigen Gott. Damit ist uns wieder das ganze Evangelium vorgelegt. Das ist die Zusage der vollkommenen Gnade mit ihrer Vergebung und Offenheit für alle, wie Jesus sie im Gleichnis vom verlorenen Sohn uns versprochen hat. Nähern wir uns Gott, so läßt er sich finden. Er trägt uns nicht nach, daß wir in die Ferne traten, und nötigt uns nicht, in der Ferne zu bleiben, nachdem wir von ihm gewichen sind. Die Ferne verschwindet, sowie wir uns nähern".[227]

Die Geschichte vom verlorenen Sohn veranschaulicht in der Tat ganz sicher am besten, was gemeint ist: Der Vater sehnt sich nach seinem Sohn, dem er alle Freiheit zugesteht, seine eigenen Wege zu gehen, schweren Herzens allerdings, weil er weiß, dass der Sohn sich selbst dadurch schaden wird. Er würde ihm so gern entgegenkommen, aber er kann es nicht, weil der Sohn sich von ihm entfernt. Nachlaufen wird er ihm nicht, denn er respektiert seine Freiheit. Aber sein Herz bleibt vorbehaltlos offen für ihn und darum auch die Tür. Und als der Sohn sich umwendet, in aller Freiheit, aus reiner Vernunft, fernab aller Androhung von Höllenstrafen, da eilt ihm der Vater entgegen, um nur noch für ihn da zu sein. Das ist die schönste und wohl auch wichtigste Geschichte in der ganzen Bibel. So ist Gott. So ist die Liebe.

Wieder ist sehr wichtig zu sehen, wer hier angesprochen wird. Die „Wankelmütigen" sind im griechischen Text einmal mehr die *dipsychoi*.[228] „Ihr Falschen, die ihr euer Herz zwischen Gott und der Welt theilet", übersetzt

---

[227] Ebd.

[228] Vgl. zu 1,8.

Bengel.[229] Es sind die Christen geteilten Herzens, die sich selbst, den andern und Gott etwas vormachen. Sie geben sich stark, maßen sich an, ihre Mitmenschen mit frommem Anspruch unter Druck zu setzen, sie richten unbarmherzig und zerstören Liebe und Vertrauen. Paulus unterscheidet für die Seelsorge drei Grundtypen: Die „Unordentlichen", die man zurechtweisen muss, weil sie sonst keinen Bedarf zur Änderung erkennen, die „Kleinmütigen", die Trost und Ermutigung brauchen, um sich verändern zu können, und die „Schwachen" mit kaum oder gar nicht veränderbaren Handicaps, die getragen werden müssen.[230] Jakobus schreibt diese Sätze an die Adresse der „Unordentlichen". Paulus nennt sie auf Griechisch *ataktoi*. Sie sind *taktlos*. Taktlosigkeit ist unstimmiges Verhalten, das andere verletzt. Die Unstimmigkeit des Verhaltens folgt aus der Unstimmigkeit des Herzens. Jakobus hat sie zuvor die „Unsauberen" genannt.[231] Sie sind mit sich selbst nicht im Reinen. Sie sind nicht selbstkongruent. Wie Musiker, deren Instrumente nicht gestimmt sind, bringen sie nur unsaubere Töne hervor. Sie stiften Unfrieden.

Unsauber sind die *Hände* der Taktlosen, denn was sie anfassen, das wird durch ihre Unstimmigkeit befleckt. Darum ist es kein Wunder, dass oft gerade dort, wo die Fassade des frommen Scheins besonders gepflegt wird, dahinter Schmutziges geschieht: Machtmissbrauch, Gewalt, sexueller Missbrauch und dergleichen. Das müssen wir uns vor Augen halten um nachzuvollziehen, warum Jakobus hier so drastisch in der Ausdrucksweise wird, ähnlich wie Jesus den Pharisäern gegenüber. Das ist eine Seite der Seelsorge, die oft übersehen wird: Dort, wo andere um des scheinbar lieben Friedens willen kuschen,

---

[229] J.A. Bengel, a.a.O., 733.

[230] 1Thess 5,14.

[231] 1,21.

Mächtigen die Stirn zu bieten. Seelsorge kümmert sich meist wie das Rote Kreuz nur um die *Opfer* des Machtmissbrauchs. Aber sie ist auch dazu berufen, sich den *Tätern* in den Weg zu stellen. Dort, wo das Recht gebeugt wird, muss sie unangenehm sperrig werden und beim Namen nennen, was sich sonst keiner zu sagen traut. Das tut Jakobus.

Ein Mensch, der nicht ehrlich zu sich selbst ist, verleugnet auch seine wahren Gefühle. In der Spaß- und Erfolgsgesellschaft damals wie heute lässt man den Schmerz nicht zu, man lacht und freut sich bis zum Überdruss. Wenn sich das Lachen in Weinen verkehrt, macht der Schmerz sich Bahn. Er wird nicht mehr verdrängt, er wird bewusst. Weinen reinigt: Ein Mensch wird ehrlich, kommt zu sich selbst. Er lässt die wahre Trauer seines Herzens zu, so wie sie ist. Er nimmt wahr, dass sein Herz geteilt ist, weil es gebrochen ist. Andere Menschen mit geteilten Herzen erlaubten ihm nicht, er selbst zu sein. Er wurde um's Leben betrogen, lebte am Leben vorbei. Das ist Grund zu tiefer Trauer. Wo diese Trauer aufbricht, da beginnt auch die Heilung.

Das geht nicht ohne die Demütigung des Ehrlichwerdens: Der scheinbar ach so Starke legt seine Rüstung ab und offenbart sich als verletzter, sehr bedürftiger Mensch unter Menschen.

Vers 11-12: Den Richtgeist ablegen

(11) Verleumdet einander nicht, liebe Brüder. Wer seinen Bruder verleumdet oder verurteilt, der verleumdet und verurteilt das Gesetz. Verurteilst du aber das Gesetz, so bist du nicht ein Täter des Gesetzes, sondern ein Richter. (12) Einer ist der Gesetzgeber und Richter, der selig machen und verdammen kann. Wer aber bist du, dass du den Nächsten verurteilst?

Das Gesetz, von dem hier gesprochen wird, ist wieder das Gesetz der Freiheit[232] und das Gesetz der Freiheit ist das „königliche Gesetz" der Liebe.[233] Wenn Jakobus hier nur ganz allgemein vom Gesetz spricht, so wird es daran liegen, dass er den Geist des Verleumdens und Verurteilens besonders ausgeprägt bei denen vorfindet, die auf die exakte Einhaltung des Gesetzes, in diesem Fall der Thora mit ihren zahllosen Anwendungsparagraphen, außerordentlich großen Wert legen. Das sind die *Gesetzlichen*, denen nichts so wichtig ist wie die peinlich genaue Erfüllung des Richtigen, das sie mit dem Recht ineinssetzen. Das Richtige ist für sie das, was sich gehört, das unanstößig Konforme, sich widerspruchslos den jeweils geltenden Autoritäten unterzuordnen. Wer sich so verhält, *ist* in ihren Augen richtig, wer nicht, wird verurteilt. An die Stelle des Verstehens und Verständigens tritt das Richten durch Abgleichung der nach außen hin erscheinenden Richtigkeit oder Falschheit im Verhalten des andern. Man grenzt ein, grenzt sich ab, grenzt aus, ein Labyrinth von Mauern entsteht, in dem die Menschlichkeit sich hoffnungslos verirren muss.

Das *Verleumden* ist nichts anderes als der Richtgeist, wenn er die Zunge in seine Gewalt gebracht hat. Der Richtgeist kann, wenn er redet, nur verleumden, weil er

---

[232] 1,25.
[233] 1,8.

den andern nicht ansieht und versteht, sondern ein Zerrbild von ihm fertigt, das sein Vorurteil als Wahrheit präsentiert.[234] Aber es ist nicht Wahrheit, es ist Projektion
des Vorurteils.

Der Gesetzliche, dem das Gesetz doch so überaus
wichtig ist, der Selbstgerechte, der mit dem stärksten
Nachdruck Gerechtigkeit fordert, wird dadurch aber gerade zum *Feind* von Recht und Gesetz, denn seine
Mauern wehren aller Freiheit und seine gnadenlosen Urteile sind Mord für die Liebe. Er setzt sich in Widerspruch zum Gesetz der Liebe und Freiheit, indem er sich
seinem Geist entzieht, der ihn dazu bewegen möchte, es
zu *tun*. Er tut es selbst nicht; stattdessen hält er Ausschau
nach solchen, die es seinem nichtigen Urteil zufolge nicht
tun, um den Stab über sie zu brechen. Dadurch glaubt er
dem Gesetz Ansehen zu verschaffen, aber tatsächlich verletzt und verrät er es. Er stellt sich über das Gesetz, er
macht sich selbst zum Gott.

Wieder weist Jakobus den innerlich Gespaltenen auf
sein eigenes Problem zurück, auf den „Balken im eigenen
Auge", wie Jesus gesagt hat.[235]

Vers 13-14: Die Herren der Zeit

(13) Und nun ihr, die ihr sagt: Heute oder morgen wollen
wir in die oder die Stadt gehen und wollen ein Jahr dort
zubringen und Handel treiben und Gewinn machen -,
(14) und wisst nicht, was morgen sein wird. Was ist euer
Leben? Ein Rauch seid ihr, der eine kleine Zeit bleibt und
dann verschwindet.

„Und nun ihr" schreibt Jakobus und wendet sich damit
einer anderen Zielgruppe zu, die allerdings Wesentliches

---

[234] „Der andere wird zur dunklen Folie, vor der man sich umso vorteil-
hafter abhebt." F. Grünzweig, a.a.O., 137.

[235] Mt 7,1-5.

mit den Gesetzlichen gemein hat. Bei diesen wie jenen äußert sich die Gespaltenheit des Herzens im Hochmut. Der Hochmut hier wie dort tritt auf als angemaßtes Urteil, dort über Menschen, hier über das Schicksal. Hier wie dort gibt man sich stark und selbstbewusst, hier wie dort verdrängt man die unangenehmen Gefühle des verletzten und bedürftigen Herzens.

Jakobus spricht jetzt wieder zu den Reichen, denn das Verhalten, das er beschreibt, war damals bei gut betuchten Geschäftsleuten üblich: Man hielt sich eine Zeit lang in der Fremde auf, erhandelte dort viele Produkte, transportierte sie zurück und verkaufte sie in der Heimat mit Gewinn.

Sie benehmen sich, als wären sie die *Herren* ihres Schicksals. Ihr ständig neues Vorurteil richtet nicht über den Charakter anderer Menschen, sondern über den Charakter der *Zeit*. Diese, glaubt ihr Vorurteil, sei dafür da, ihre Geltungssucht zu stillen. Sie wird ihnen zur Sklavin des Erfolgs. Sie verleumden die Zeit. Nur in Freiheit und Liebe kann sie ihnen wirklich dienen, aber dazu müssten sie ihr Raum lassen, sie achten und verstehen. Stattdessen hetzen sie die Zeit vor sich her und versuchen sie sogar zu vertreiben und totzuschlagen. Denn gäben sie der Zeit Raum, kämen sie zu sich selbst. Aber dem verweigern sie sich, denn sie fürchten sich vor dem Schmerz ihres verletzten Herzens, der dann den Raum einnähme, wie sich ein Süchtiger vor der Abstinenz fürchtet. Rastlos und ruhelos sind sie, getriebene Treiber.

Ein Rauch zu sein, der eine kleine Zeit bleibt und dann verschwindet, eint Reiche und Arme. Aber es kommt darauf an, welcher Art dieser Rauch ist. Wie schon im ersten Kapitel hält Jakobus den Reichen wieder vor, dass auch die größten Erfolge nur ein kurzes Aufblühen sind. Wozu? Keinesfalls sind sie die Herren ihrer Zeit. Sie verrinnt ihnen unaufhaltsam wie der Sand im Stundenglas. Wofür brennt ihr Herz? So wie das Feuer wird auch der Rauch sein. Sinn hat das Leben nur, wenn es ein Opferrauch für Gott ist. Ein Leben für den Frieden und Verständigung, für mehr Menschlichkeit. Ein Leben für die Liebe. Dorthin führt eine Spur in jedem Leben, die es zu finden gilt. Ein Pfad, der gelegt ist. Eine Richtung. Eine innere Überzeugung. Wer aber dem Mammon dient, lebt am Leben vorbei.

Es scheint damals schon ein ähnlicher Erfolgsdruck auf der Geschäftswelt gelegen zu haben wie heute. Sie *wollen* nicht nur in die oder die Stadt gehen, sie fühlen sich *genötigt* dazu.[236] Die Sorgen der Unternehmer sind ernstzunehmen. Der Konkurrenzdruck kann gnadenlos hart sein. Viele sind auf das Streckbett zwischen drohender Insolvenz und ständiger Produktoptimierung und Gewinnsteigerung gespannt. Es weht ein rauher, kalter Wind in den Führungsetagen. Jakobus tut nicht so, als wären diese Probleme nur eingebildet. Die Pläne selbst stellt er darum auch nicht in Frage. Wohl aber „den Geist, in dem geplant wird"[237], die Überheblichkeit, die Arroganz, den Größenwahn.

Sie verweigern sich dem Leben in der Gegenwart. Sie scheinen völlig auf die Zukunft fixiert zu sein, aber das ist nichts weiter als die starre Fortsetzung ihres Verhaltens in der Vergangenheit. Gestern waren sie nur auf sich selbst und ihren Gewinn orientiert, heute sind sie es wieder und morgen wollen sie genauso weitermachen. Sie lernen nicht. Sie überlegen nicht, ob es wirklich gut ist, wie sie handeln, ob es *noch* gut ist. Der wirtschaftliche Fortschritt ist ihr Lebensinhalt, sie gehen um des Mammons willen voran, nicht um des *Guten* willen. Diese Haltung ist Betrug und Selbstbetrug. Sie bringt Böses hervor.

„Heute oder morgen" sagen sie, aber mit dem „Heu-

---

[236] „Im griechischen Ausdruck bemerkt man auch das Dringende des Vorsatzes, wir sollten [...] etwa wichtiger Geschäfte halber". J.A. Bengel, a.a.O., 734, Zu 4,13.
[237] F. Grünzweig, a.a.O., 140.

te" meinen sie nie die Gegenwart. Sie sind nie zufrieden, darum können sie auch niemals dankbar sein. Sie können nicht verweilen. Die Sorge nötigt sie, den Augenblick zu meiden. Mut beweist, wer das Heute annimmt, wie es ist. Übermut ist Pseudomut, gelogener Mut. Es ist ein Mut, der immer nur erst in imaginärer Zukunft zum Ziel kommt. Übermut ist Vermessenheit.

Übermut ist Pseudomut, weil Mut immer nur hier und jetzt wirklich ist. Übermut ist aber der Mut, den ich morgen und übermorgen zu haben gedenke. Ein Mut auf Kosten und unter Leugnung des Heute, was bedeutet: Unter Verzicht auf das Gute, das ich *heute* weiß. Es ist so typisch für die unbarmherzige Arroganz des Geschäftsgebahrens, dass die notwendige Beseitigung von Missständen übermäßig ehrgeizigen Gewinnsteigerungszielen geopfert wird. Das überflüssige Kapital der Reichen unserer Tage reicht ohne weiteres aus, um die ökonomischen Notstände durch vernünftige, langfristig angelegte Programme nachhaltig zu beheben, die Natur um der Menschen willen sorgfältig zu pflegen und zu schützen und Friedensinitiativen weltweit deutlich spürbar einzurichten und zu fördern. Aber es geschieht nicht, weil die Reichen unter den Mammon versklavt sind. Und in den Unternehmen selbst nimmt die Spirale größenwahnsinniger Produktionssteigerungen mehr und mehr die Züge brutalster Unmenschlichkeit an. Ungezählte wertvolle Mitarbeiter bleiben ausgelaugt und ausgebrannt auf der Strecke - und werden durch frisches „Humankapital" ausgewechselt.

Vers 15-16: Entscheidungsfindung

(15) Dagegen solltet ihr sagen: Wenn der Herr will, werden wir leben und dies oder das tun. (16) Nun aber rühmt ihr euch in eurem Übermut. All solches Rühmen ist böse.

Sich dort zu behaupten, wo der Mammon herrscht, braucht Mut. Mutig ist es, Gottes Sache, sein „Reich", mit ungeteiltem Herzen als das Leitprinzip schlechthin allem Entscheiden voranzustellen.[238] „Reich-Gottes-Arbeit" ist nicht Proselytismus, sondern gelebte Liebe. Diese wiederum ist kein erhabenes Ideal, das sowieso keiner erreicht, sondern die Maxime, darum bemüht zu sein, dass jeder Mensch bekommt, was er wirklich braucht. Das Paradigma der Liebe ist der barmherzige Samariter.[239] Der bekehrt den Niedergeschlagenen am Wegrand nicht, sondern er dient ihm genau dort, wo dieser seine Not hat, und versucht nicht, darüber hinaus Einfluss auf ihn zu nehmen. Reich-Gottes-Arbeit ist nichts anderes und nichts mehr als Barmherzigkeit. Wenn die Christenheit alle Konzentration auf die Barmherzigkeit richtet und ungeteilten Herzens miteinander kein anderes Ziel verfolgt, dann und nur dann erfüllt sie ihren Auftrag. Das ist ihre Berufung, weil es die Berufung ihres Gründers und Meisters Jesus ist. Das Christentum ist entweder die Religion der Barmherzigkeit oder es ist eine Allerweltsreligion. Darum geht es Jakobus. Darum bestreitet er einem Glauben ohne Werke, überhaupt echter Glaube zu sein. Darum definiert er „Gottesdienst" als seelsorgerlichen Besuchsdienst.[240]

Diese Ausrichtung braucht Mut und ermutigend ist es, sich nicht vom Sorgengeist beherrschen lassen zu

---

[238] Mt 6,33.

[239] Lk 10,25ff.

[240] 1,27.

müssen, weil der Gebe-Gott Sorge trägt. Das entlastet wirklich. „Diese Einsicht tötet die Tatkraft nicht; im Gegenteil, sie begründet und stärkt sie", schreibt Schlatter. „Nur der Übermut hat ein Ende". [241] Gott sorgen zu lassen ist Demut. Und Demut bedeutet etymologisch „Mut zum Dienen". De-mut beweist, wer zuerst nach Gottes Reich trachtet und vertraut, dass ihm dabei die Erfüllung aller Bedürfnisse einfach zufallen wird, weil Gott es so versprochen hat.[242] Mut hat, wer sich nicht wie der reiche Kornbauer von der Sorge um Morgen beherrschen lässt,[243] sondern den Gebe-Gott sorgen lässt und darum frei dafür ist, sich ohne Hemmungen für Gottes Sache zu engagieren.

Hochmut wird zum Übermut. Der Überhebliche überschätzt sich. Er ist vermessen, weil sein Maß nicht stimmt: Sich selbst und seinesgleichen misst er höheren Wert zu als denen, die weniger glänzen. Aber er verwechselt den äußeren Schein mit dem inneren Menschen, den Widerschein von Besitz und Macht hält er für seine Herzensqualität. Darum darf am äußeren Glanz nichts fehlen. Er bewacht ihn eifersüchtig. Er versklavt sich dem Geiz. Er kennt das Gesetz der Freiheit nicht, denn er ist Gefangener des Sorgengeistes. „All solches Rühmen ist böse", denn es ist ein Großtun wider die Barmherzigkeit.

„Wenn der Herr will": Niemand weiß, was morgen sein wird. Es kann so völlig anders kommen als wir dachten. Von einem Moment auf den andern können wir unter die Räuber fallen und, zwischen Tod und Leben schwebend, am Wegrand liegen bleiben, nicht mehr fähig, uns selbst zu helfen. Die Möglichkeiten der Selbstbestimmung sind äußerst begrenzt. Alles, was wir so umsetzen können, wie wir es geplant haben, ist uns geschenkt.

---

[241] A. Schlatter, a.a.O., 202.

[242] Lk 12,31.

[243] Lk 12,16-21.

„Wenn der Herr will": Wir dürfen das Wollen und das Sollen nicht gegeneinander ausspielen. Ein Wollen, das auf jedes Sollen verzichtet, führt zu jenem „bösen Rühmen": Als sei ich der Herr aller Dinge. Gott ersetzt unseren Willen nicht durch seinen. Wir entscheiden, und wir sollen es auch. Es kommt aber darauf an, daß wir auch nicht seinen Willen durch unseren ersetzen. Wer jedoch nichts als das Sollen hat, wird vom Soll erdrückt. und kommt nicht zu sich selbst. Er bleibt geteilten Herzens. Wir planen ganz selbständig, denn Gott will es so, wir übernehmen die ganze Verantwortung dafür, und wir vertrauen darauf, dass die Weisheit, um die wir bitten, uns darin leitet. Aber wir sind überaus anfällig für Irrtümer und wir *müssen* sogar irren, weil wir nur lernen können, wenn wir Fehler machen. Das Wissen, *was* Gott von ihm will, hat niemand in der Tasche. Wir ertasten den Willen Gottes nur, wir nähern uns nur an, nie fassen wir ihn ganz. All unseren Entscheidungen haftet an, nur besser oder schlechter zu sein, das absolut Gute im eindeutigen Willen Gottes können wir nie beanspruchen. Alles bleibt Stückwerk und nicht selten entpuppen sich gerade die Entscheidungen, die wir für die allerklarsten und allerheiligsten hielten, im Nachhinein als Vermessenheit, während sich andere, bei denen wir uns gar nicht sicher waren, als goldrichtig erweisen.

Was Jakobus hier anspricht, ist von hoher Relevanz für die Seelsorge. Sehr oft geht es in der Seelsorge um die Frage, welchen Weg ein Mensch einschlagen soll. Während die Seelsorge dort, wo das Problem der Zügelung des Denkens, Fühlens und Verhaltens im Zentrum steht, der Veränderungsprozess vom schädigenden Selbstbetrug zur Wahrhaftigkeit, *therapeutische* Züge annimmt, wird sie dort, wo die perspektivischen Fragen der Entscheidungsfindung dominieren, zum *Coaching*. Der Königsweg des Coachings ist die Unterstützung der *Selbstexploration* des Klienten. Wenn ein grundsätzlich entscheidungsfähiger Klient schon selbst nicht weiß, wie es weitergehen soll, dann wird es der Seelsorger wahrscheinlich erst recht nicht wissen, aber er kann ihm helfen zu hören, was sein Herz sagt, wenn es ungeteilt ist. Nur das ungeteilte Herz erkennt auch *Gottes* Willen.

Der Übergang zwischen Therapie und Coaching ist allerdings fließend, denn erstens werden nicht selten hilfreiche Entscheidungen durch therapiebedürftige selbstschädigende Denkmuster blockiert und zweitens wird die Kraft zur Veränderung in der *Therapie* dadurch gewonnen, dass der Klient sich seiner authentischen *Ziele* bewusst wird.

Vers 17: Unterlassungen

> Wer nun weiß, Gutes zu tun, und tut's nicht, dem ist's Sünde.

Jakobus scheint das so beiläufig zu schreiben, als wäre es eine Selbstverständlichkeit: „Wer da *weiß*, Gutes zu tun." Ja, wenn wir es uns bewusst machen würden! In der Seelsorge begegnen uns oft wunderbar begabte Menschen in der Blüte des Lebens, die sich zergrämen und zergrübeln, weil sie es scheinbar *nicht* wissen. „Wozu sollte *ich* denn gut sein?" fragen sie. Und wenn sie einen scheuen Blick auf die großartigen Möglichkeiten werfen, ihr Leben sinnvoll einzusetzen, verzagen sie gleich: „Ach, wie schwer ist das. Welche Probleme müsste ich doch da erst überwinden. Nein, das schaffe ich nicht."

Aber Gaben sind *Auf*gaben! Der eine, der im Gleichnis von den anvertrauten Talenten sein anvertrautes Gut vergräbt, nennt den Herrn, der es ihm gegeben hat, einen „harten Mann", der viel nimmt und wenig gibt. Er macht nichts aus seinen Gaben, weil er meint, nichts davon zu haben. Er geht davon aus, nur ausgenutzt zu werden. Sein Gottesbild ist das Gegenstück zum Gebe-Gott. Er widmet sich darum nicht ungeteilten Herzens dem Leben, sondern unterjocht sich der Sorge, um sich abzusichern. Viele Berufsentscheidungen fallen aus diesem Motiv.

Das Gute, das wir wissen, ist aber mehr noch das Gute, das uns *heute* möglich ist. Wer nicht in der Gegenwart lebt, der tut das Gute nicht, das er tun könnte. Im Alltag entscheidet sich, ob ich das Gute wähle. Was ist das Gute, das ich weiß? Wir holen die Frage auf den Boden der Alltagsrealität, wenn wir sie verändern: Was ist das Bessere, das ich ahne und spüre? Denn meist ist es nicht das einzig Gute, das da zu erkennen ist, aber sehr oft doch ein Besseres: Was mache ich da eigentlich - hat es Sinn? Und dann frage ich mich, ob es in diesem Augenblick etwas greifbar Besseres gäbe. Der Übermut prahlt mit dem, was er morgen tun wird, der Mut stellt sich den mancherlei Anfechtungen *heute*; er widersteht dem Sorgengeist und vertraut dem Gebe-Gott, er bittet bescheiden um Weisheit und wagt einen nächsten Schritt.

Was ist das Gute, das ich *weiß*? Es sind weder ehrgeizige Projekte auf Kosten der täglich gefragten Liebe noch lückenlos durchgehaltene moralische Prinzipien wie bei Priester und Levit im Gleichnis vom Barmherzigen Samariter, die ebenfalls, um ihrer moralisch-frommen Reinheit willen, das Gute nicht taten, um das sie wussten. Das Gute, das ich weiß, ist weder egoistisch noch überfromm. Es ist in der Regel etwas sehr Normales. Es sind meist Alltäglichkeiten.

Jeder Vorsatz hat nur so viel Wert, wie ich ihn heute umsetze. Wenn ich mir etwa zu Beginn des neuen Jahres vorgenommen habe, regelmäßig Sport zu treiben, heute die Gelegenheit habe, aber stattdessen etwas anderes vorziehe, dann ist ist der ganze Vorsatz nichts wert. Wenn ich aber gestern meinem Vorsatz untreu war, ihn jedoch heute wieder umsetze, dann gebe ich ihm dadurch *neuen* Wert.

Das will uns Jakobus lehren: Heute zu tun, wovon wir überzeugt sind, weil sonst die Überzeugung nicht wahrhaftig ist - wir betrügen uns selbst. So kann das versäumte Gute in der neutestamentlichen Ausdrucksweise „Sünde" werden. Sünde, weil die Folgen destruktiv sind. Wenn wir uns das Bild des absolut positiven Gebe-Gottes vor Augen halten, müssen wir das nicht so verstehen, als sei jeder Disziplinmangel als Sünde zu bezeichnen. Wir sahen oben, dass Jakobus nur dann von Sünde spricht, wenn handfeste destruktive Folgen aus der Einwilligung in unsere emotionalen Impulse entstehen. So auch hier: Wenn ich heute meinen Sport versäume und mich morgen wieder dazu überwinde, mag das ein Schwächeln sein, aber ich würde mir einen unnötigen zusätzlichen Stressor auflegen, wenn ich das noch dazu dramatisierend „Sünde" nennen würde. Das widerspräche dem Gesetz der Freiheit, denn es wäre zwanghaft. Es liegt im Spielraum meiner freien Verantwortung, mehr oder weniger konsequent zu sein. Es ist nicht destruktiv, wenn ich heute keinen Sport treibe oder zu viel esse und trinke oder zu spät ins Bett gehe. Es geht nichts kaputt und ich schade niemandem dabei. Ich kann den Kurs korrigieren, ohne vom Weg abgekommen zu sein. Es ist ein *Weg*, keine *Schiene*. *hamartia*, das griechische Wort für „Sünde", meint ursprünglich eine Verfehlung des Ziels. Jakobus spricht von Sünde erst dann, wenn einer vom Weg abgekommen und in die Irre gegangen ist, und wenn daraus ein klar erkennbarer Schaden entstanden ist. Wenn Kain auf seinen emotionalen Schleuderkurs acht gibt, sündigt er nicht. Aber als er hingeht, um seinem Bruder Gewalt anzutun, wird Sünde daraus.[244]

In der Seelsorge begegnen wir oft einem skrupulösen Sündenverständnis, bis hin zur Zwangsstörung. Solche Klienten müssen ernstgenommen werden, aber wir soll-

---

[244] Gen 4.

ten ihre Vorstellungen nicht bestätigen. In der Regel liegt ein problematisches Gottesbild zugrunde. Das können wir mit den Klienten wertschätzend diskutieren. Wir haben dabei Jakobus auf unserer Seite: Nur das absolut positive Bild vom Gebe-Gott verdient Vertrauen! Das zu vermitteln ist nichts anderes als die Verkündigung des Evangeliums im seelsorgerlichen Gespräch.

Das Gute, das Jakobus hier meint, ist also erstens etwas Notwendiges, das geschehen muss, damit kein schlimmer Schaden entsteht und das sich auch nicht mit „guten Gründen" wie dem Zeitdruck entschuldigen lässt. Und die Sünde, die er hier meint, ist eine *Unterlassung*. Das Perfide daran ist, dass sich die Unterlassung so leicht rechtfertigen kann. Erstens sagt sie: „Ich hatte doch so viel zu tun!", und zweitens: „Ich habe doch gar nichts getan!" Unterlassungen können mörderisch sein. Sie entfalten ihre destruktive Wirkung auf vielfältige Weise. Unterlassung ist die leise Art des Tötens, bei der sich niemand die Finger schmutzig macht.

Fünftes Kapitel

Verse 1-3: Sinnlose Gier

(1) Und nun, ihr Reichen: Weint und heult über das Elend, das über euch kommen wird! (2) Euer Reichtum ist verfault, eure Kleider sind von Motten zerfressen. (3) Euer Gold und Silber ist verrostet und ihr Rost wird gegen euch Zeugnis geben und wird euer Fleisch fressen wie Feuer. Ihr habt euch Schätze gesammelt in diesen letzten Tagen!

„Wohlan, ihr Reichen", beginnt Jakobus diesen Abschnitt. „Und nun" ist zu blass übersetzt. Hier steht ein Spruch, den man auch zum Anstoßen verwendete. Jakobus prostet den Reichen sozusagen zu. Das ist Ironie.

Jakobus beobachtet mit wachem Blick und wachsender Sorge die politische Entwicklung. Das Unrechtsverhalten der reichen römischen Besatzer und seiner mächtigen Landsleute, die nicht nur mit ihnen kollaborieren, sondern sich dabei auf Kosten der eigenen Volksgenossen maßlos bereichern und sie in Angst und Schrecken versetzen, ließ in der Bevölkerung immer größeren Hass entstehen. Unheil braut sich zusammen. Mehr und mehr wird der Widerstand zum Volksaufstand. Wenn Jakobus jetzt mit größter Eindringlichkeit vor dem Elend warnt, das über sie kommen wird, dann hat er sehr konkrete Anhaltspunkte dafür. Zwanzig Jahre später wird die Metropole Jerusalem nur noch ein Schutthaufen sein. Der Widerstand wird zum Krieg eskalieren und der Krieg wird in einer grauenhaften Katastrophe enden. Rom wird alles niederwalzen, was sich ihm in den Weg stellt.

Eindringlich haben Johannes der Täufer und Jesus davor gewarnt und Jakobus stößt in das selbe Horn. Er schlägt Alarm. Die Reichen werden durch ihr Unrechtsverhalten die Hauptschuld an der Katastrophe haben.

Jakobus macht deutlich, worin das Unrecht besteht: Nicht darin, dass sie reich sind, sondern darin, dass sie ihren Reichtum sinnlos raffen und horten. „Er warnt aber vor dem Betrug des Reichtums, vor dem Wahn, als sei er uns dazu gegeben, damit wir ihn haben, als sei er der Zweck und nicht das Mittel".[245] Ihr krankhafter Geiz ist das Problem. Die Vorräte in ihren Kornspeichern verfaulen, ihre Schätze rosten dahin, ihre großartige Garderobe wird zum Mottenfraß, weil sie ihre vielen Modekleider gar nicht tragen.

Darin besteht das Problem des Reichtums: Dass die Gabe nicht als *Aufgabe* begriffen wird, sondern dass die Reichen Mauern und Stacheldrähte um sich und ihren Besitz ziehen, dass sie sich feindselig der Not verschließen. Sie erbarmen sich nicht. So wird ihr Besitz zum Fluch statt zum Segen; er wird „ein Zeugniß des Geizes und der Unbarmherzigkeit wider euch seyn", wie Bengel schreibt.

Prototyp der unrechtmäßigen Gewinnsucht ist der reiche Kornbauer. Für ihn ist der Gewinn nicht Aufgabe, sondern Privateigentum. Das deutsche Wort „privat" kommt vom lateinischen „privare", was auf Deutsch „rauben" heißt.

Die Gefahr des Geizes ist seine Zwanghaftigkeit. Nicht von ungefähr trägt er auch den Namen „Habsucht". Der Sorgengeist versklavt. Menschen, die Geld im Überfluss besitzen und sich das schönste Leben gönnen könnten, benehmen sich, als wären sie die Allerärmsten, stellen absurde Ansprüche und greifen zu betrügerischen Mitteln, um bloß nicht teilen zu müssen. Die Zwangsdynamik der Habsucht umklammert krakenhaft den Globus, presst die Ärmsten immer weiter aus, stopft immer mehr Geld in die gierigen Hälse der Allerreichsten. Und die Mittelschicht dazwischen huldigt ihnen treu ergeben, weil sie Wirtschaft, Politik und Justiz dominieren. Damals wie heute ist die Habsucht ein gigantischer, mörderischer Strudel der Lieblosigkeit, der höchste Werte wie Freiheit und Menschenwürde in sich hineinfrisst und den

---

[245] A. Schlatter, a.a.O., 204.

menschenfreundlichen Strukturen, die daraus entstanden sind, den Boden entzieht. Damals wie heute beugen sich scharenweise Menschen in gesellschaftlichen Schlüsselpositionen den sogenannten „Sachzwängen", die der Strudel verursacht.[246]
Wenn das Gute, das eigentlich vor den Händen liegt, jeden Tag neu, unterlassen wird, dann bleibt am Ende von allem Gewinn nur Moder, Rost und Mottenfraß. Dann hatte das Leben keinen wirklichen Wert. Dann wurde es einem Götzen geopfert, dem „Mammon", wie Jesus sagt. Und dann wird das Recht gebeugt. Dann gewinnt das Böse Macht.

Verse 4-6: Maßloses Unrecht

(4) Siehe, der Lohn der Arbeiter, die euer Land abgeerntet haben, den ihr ihnen vorenthalten habt, der schreit, und das Rufen der Schnitter ist gekommen vor die Ohren des Herrn Zebaoth. (5) Ihr habt geschlemmt auf Erden und geprasst und eure Herzen gemästet am Schlachttag. (6) Ihr habt den Gerechten verurteilt und getötet, und er hat euch nicht widerstanden.

Warum sollen wir uns in in einer seelsorgerlich orientierten Schriftauslegung so eingehend mit der politischen Dimension der Habsucht beschäftigen? Weil der seelsorgerlich orientierte Brief des Jakobus selbst es tut und damit in einer ganz wesentlichen Hauptlinie neutestamentlicher Verkündigung und Seelsorge liegt, deren Quintessenz in einem Vers des ersten Timotheusbriefs zum Aus-

---

[246] In unserer Zeit wurde dafür das von Margaret Thatcher (1925-2013) behauptete „TINA-Prinzip" sprichwörtlich, das für die politischen Entscheidungen in der westlichen Demokratie allzu oft das Zünglein an der Waage ist. TINA = „There Is No Alternative": Man müsse sich in der Politik der Maxime „Geld regiert die Welt" beugen. Thatcher läutete damit die Ära des „Neoliberalismus" ein, dessen Grundprinzip die völlige Dominanz der allerreichsten Börsenspekulanten über die Wirtschaft und damit auch über die Politik ist. Die bedrohlichen Konfliktherde auf unserem Globus sind zu einem ganz erheblichen Teil darauf zurückzuführen.

druck gebracht wird: „Geldgier ist eine Wurzel alles Übels".[247] Durch die starke Betonung dieses Grundproblems der Unmenschlichkeit deutet Jakobus auf den möglicherweise größten Schwachpunkt der Seelsorge, dessen sie sich bis heute leider kaum bewusst wurde. Es ist die *Seelsorge des Widerstands* im Unterschied zur *Seelsorge des Tröstens*, an den Starken und Mächtigen, insbesondere an den Führungspersonen, die durch ihr Machtverhalten anderen Schaden zufügen. Hierzu gehört auch die *strukturorientierte* Seelsorge, die nicht nur den Opfern unmenschlicher Machtverhältnisse beisteht, sondern dem Übel an die Wurzel geht. *Ganzheitliche* Seelsorge, eine Seelsorge also, die den *ganzen* Menschen in seinem Lebensbezügen sehen und ihm dienen will, ist immer auch *politische* Seelsorge, und es kann durchaus dahin kommen, je nach den äußeren Umständen, dass diese Seite überwiegt. Seelsorge, Coaching und Psychotherapie laufen Gefahr, unmenschliche Systeme zu stabilisieren, wenn sie die gesellschaftlichen Entstehungsherde psychosozialer Probleme zu wenig oder zu einseitig in den Blick nehmen.

Prototyp einer solchen Seelsorge ist der Prophet Nathan in seiner Konfrontation mit dem machttrunkenen David.[248] Man muss genau hinsehen, um die Botschaft dieser Geschichte zu verstehen, allzu sehr wird sie sonst vom schillernden Bild der Affäre mit der schönen Batseba überlagert - oder muss man besser *Nötigung* dazu sagen? Aber der daraus folgende Ehebruch ist nur eine Auswirkung des eigentlichen Problems: David missbraucht seine königliche Macht und wird dadurch nicht nur zum Ehebrecher, sondern auch zum Mörder. Nathan entlarvt den wahrhaft destruktiven Kern des Problems: Es ist die maßlose Besitzgier Davids, die keine Grenzen mehr kennt. Darum erzählt er David zum Einstieg in die seelsorgerli-

---

[247] 1Tim 6,10.
[248] 2Sam 12,1-15.

che Begegnung folgende Geschichte:[249]

> *„Es waren zwei Männer in einer Stadt, der eine reich,*
> *der andere arm. Der Reiche hatte sehr viele Schafe und*
> *Rinder; aber der Arme hatte nichts als ein einziges klei-*
> *nes Schäflein, das er gekauft hatte. Und er nährte es,*
> *dass es groß wurde bei ihm zugleich mit seinen Kindern.*
> *Es aß von seinem Bissen und trank aus seinem Becher*
> *und schlief in seinem Schoß und er hielt's wie eine Toch-*
> *ter. Als aber zu dem reichen Mann ein Gast kam, brach-*
> *te er's nicht über sich, von seinen Schafen und Rindern*
> *zu nehmen, um dem Gast etwas zuzurichten, der zu*
> *ihm gekommen war, sondern er nahm das Schaf des ar-*
> *men Mannes und richtete es dem Mann zu, der zu ihm*
> *gekommen war."*

Als David sich über den Übeltäter empört, antwortet Nathan: „Du bist der Mann."[250] Das ist es, was auch Jakobus
den Reichen vorhält, mit denen er jetzt ins Gericht geht:
Das Unmaß der Besitzgier. Sie bereichern sich immer
mehr auf Kosten der Armen und Ärmsten. Ihres Geizes
wegen geben sie nur wenig, aber sie nehmen, wo sie nur
können. Und allenthalben rechtfertigen sie sich durch ir-
gendwelche „Sachzwänge", deren bedauernswerte Opfer
sie seien.

Alle Gabe und alle Habe, die nicht in den Dienst ge-
stellt wird, verdirbt selbst und verdirbt den Besitzer. Aus
Überfluss wird Überdruss. Sie „schlemmen und prassen
und mästen ihre Herzen", bis sie an Herzverfettung zugrunde gehen, „in schändlichem, unsinigem, euch selbst
aufreibendem Luxus", wie Bengel paraphrasiert.[251] In
der Tat, die Schäden unverantwortlichen Lebensstils sind
vielleicht der Hauptfaktor für die eskalierenden Ausga-

---

[249] V 1-4.

[250] V 7.

[251] J.A. Bengel, a.a.o., 736.

ben im Gesundheitswesen. Es ist ja höchst paradox, dass gerade in den Wohlstandsländern psychische Störungen und Beziehungszerwürfnisse epidemische Ausmaße angenommen haben. Die Menschen kommen nicht zurecht mit ihrer vielen Habe. Und die Reichsten kommen am wenigsten damit zurecht, sofern sie süchtig sind danach.

Jakobus erklärt nicht, wen er mit dem verurteilten und getöten Gerechten meint, der „nicht widerstanden" hat. Es ist anzunehmen, dass er hier von Jesus spricht, dessen Leidensweg Jesaja prophetisch ankündigte: „Als er gemartert ward, litt er doch willig und tat seinen Mund nicht auf wie ein Lamm, das zur Schlachtbank geführt wird."[252] Damit liegt in dem Hinweis, *dass* er nicht widerstanden hat, auch der Hinweis, *warum* er es nicht tat: Damit die Schrift erfüllt würde. Mithin ist der fehlende Widerstand Jesu keine Zeichen von Schwäche, sondern von konsequenter Erfüllung des Willens Gottes in bis zuletzt durchgehaltener Friedensgesinnung - wiederum das Gegenstück des geteilten Herzens der Machtsüchtigen, die grausam um sich schlagen, wenn ihr Stolz gekränkt wird, und die Unrecht mit Unrecht vergelten.

Sie haben selbst den Gerechten schlechthin ihrer Hab- und Herrschsucht wegen gekreuzigt, den Messias Gottes. Damit haben sie Gottes eigenste Friedensinitiativen abgelehnt und zerstört. Davon hat auch Jesus immer wieder in Gleichnissen gesprochen. Nun wird vollends deutlich, welche dämonische Urgewalt der Habsucht innewohnt. Zugleich scheint Jakobus wiederum prophetisch sein eigenes Schicksal anzudeuten.

Jakobus schreibt das an die reichen *Christen*. So wie ihr Glaube kein echter Glaube ist, wenn er sie nicht barmherzig werden lässt, so unterscheidet sie ihre Lippenbekenntnis in keiner Weise von den Reichen in der Welt, wenn sie sich wie diese vom Geist der Habsucht beherr-

---

[252] Jes 53,7.

schen lassen. Sie können nicht Gott dienen und dem Mammon zugleich. Wer auf die Habe setzt, verschreibt sich ihr. „Denn wo euer Schatz ist, da ist auch euer Herz."[253]

Verse 7-9: Geduld und Wachstum

(7) So seid nun geduldig, liebe Brüder, bis zum Kommen des Herrn. Siehe, der Bauer wartet auf die kostbare Frucht der Erde und ist dabei geduldig, bis sie empfange den Frühregen und Spätregen. (8) Seid auch ihr geduldig und stärkt eure Herzen; denn das Kommen des Herrn ist nahe. (9) Seufzt nicht widereinander, liebe Brüder, damit ihr nicht gerichtet werdet. Siehe, der Richter steht vor der Tür.

Jakobus rechnet damit, dass Jesus sehr bald wiederkommen wird. Die Geschichte hat das nicht bestätigt. Das ändert aber nichts an der Dringlichkeit seiner Warnung vor dem Gericht. Ein Rauch sind wir, der sehr bald vergeht. Worin besteht der Ertrag unseres Lebens? „Richtet nicht, damit ihr nicht gerichtet werdet", sagt Jesus in der Bergpredigt.[254] Was ist, wenn der Richtgeist am Ende mein Leben bestimmt hat? Wo der Richtgeist herrscht, da herrscht auch der Sorgengeist: das Misstrauen dominiert. Richtgeist und Sorgengeist sind Erscheinungsweisen des Hochmuts: Ich muss mich künstlich groß machen auf Kosten der Mitmenschen und *gegen* den Gebe-Gott. Der Hochmut blockiert die Barmherzigkeit. Er bringt Übermut und Überheblichkeit hervor, Neid und Streit. Darum tut er das Gute nicht, das er weiß.

Die vielleicht für Seelsorge wichtigste Rede vom Endgericht in der Bibel steht in Matthäus 25.[255] Dort spricht Jesus die Menschen selig, die einfach nur ganz unsensationell und undramatisch barmherzig sind, indem sie sich

---

[253] Mt 6,21.

[254] Mt 7,1.

[255] Mt 25,31-46.

zum Beispiel in einem seelsorgerlichen Besuchsdienst engagieren: „Ich bin krank gewesen und ihr habt mich besucht. Ich bin im Gefängnis gewesen und ihr seid zu mir gekommen."[256] Er schickt aber die zur Hölle, deren Lebensertrag in viel frommem Schein ohne Barmherzigkeit besteht.[257]

Jakobus zufolge manifestiert sich der unbarmherzige Richtgeist im „Seufzen widereinander". Man spricht nicht, man seufzt. Man verurteilt hinter vorgehaltener Hand. Man spricht Probleme nicht, sondern tut so, als wäre nichts. Man heuchelt. Auch das geteilte Herz kann die Zunge zügeln, aber es ist eine destruktive, feindselige Selbstbeherrschung. Das Seufzen widereinander hört man kaum, aber man spürt es. Man seufzt wider die Mächtigen und fügt sich ihnen, weil man Angst vor ihrer Strafe hat und von der Loyalität profitiert. Man seufzt gegen Menschen, die gerechter sind als man selbst, und mobbt sie. Mobbing ist die destruktive Kunst, einen Menschen fertig zu machen, ohne den zugrundeliegenden Konflikt anzusprechen und ohne sich etwas anmerken zu lassen. Ganz langsam zieht sich die Schlinge um den Gemobbten, indem man ihn immer mehr zum problematischen Außenseiter macht. Das geht wie von selbst.

Bei handfestem Streit weiß man wenigstens, woran man ist. Das erhöht die Chance zur Aufarbeitung des Konflikts, zu Versöhnung und neuem Anfang. Aber das Seufzen widereinander ist der kaum wahrnehmbare Aus-

---

[256] Mt 25,36.

[257] Wir müssen uns dabei vor Augen halten, dass Jesu Rede von der Hölle stets metaphorisch ist. „Hölle" steht in unseren Bibeln, wo Jesus *gehenna* sagt. So hießt die Müllkippe von Jerusalem. Zur Hölle fährt, was nicht taugt. Es gehört auf den Müll. Jesus sagt, dass der Mist, den wir hier produzieren, schließlich dort auch wirklich landen wird. Er sagt es in sehr drastischen Bildern, weil er es ernst meint. Was aber Hölle als jenseitiger Zustand nach dem Tod tatsächlich bedeutet, davon können wir uns keine Vorstellung machen, weil das Jenseitige grundsätzlich aller Vorstellung verschlossen bleibt.

druck einer latenten Feindseligkeit, die kaum je wirklich greifbar wird und doch zu immer größerem Groll führt. Die negativen Fantasien über den andern erfahren keine Korrektur, sondern finden stetig neue Bestätigung: „Ich hab's ja gleich gewusst", „das ist ja wieder mal typisch", „oh nein, nicht schon wieder!": So und ähnlich lauten die richtenden Sätze, die sich hinter dem Seufzen widereinander verbergen. Wer es sich angewöhnt, verändert nichts. Er verbarrikadiert sich in Selbstgerechtigkeit. Sein Herz wird hart.

Das Seufzen widereinander trägt oft den Schein der Geduld: „Was muss ich nicht alles aushalten mit diesem Menschen, unter diesen Verhältnissen!" Aber es ist die Pseudogeduld des geteilten Herzens. Echte, konstruktive Geduld redet, statt nur zu seufzen, und sucht aktiv nach guten Lösungen. Echte Geduld sucht echten Frieden und ruht nicht eher, bis er geworden ist.

Dass der Richter vor der Tür steht, ist vielleicht gar nicht warnend, sondern tröstend gedacht. Dann meint Jakobus dasselbe wie Paulus: Wir sollen uns nicht selbst rächen, sondern das Richten dem Gebe-Gott überlassen.[258] Der ist gewiss gerechter in seinem Urteil als wir selbst es sind, und der wird auch barmherzig dafür sorgen, dass uns Recht geschieht, wo uns Unrecht widerfuhr.

Wer dem Gebe-Gott vertraut, wendet sich ungeteilten Herzens dem Leben zu und tut für sein Glück, was er kann: Er bestellt den Boden, sät und pflanzt. Das steht in seiner Macht, nicht aber Wachstum und Ernte. Wer sich vom Sorgengeist beherrschen lässt, hat keine Muße. Ungeduld ist Sorge. Von Ungeduld geprägt ist, wer glaubt, Herr der Zeit sein zu müssen, weil ihm sonst das Leben entgleitet. Dem Sorgengeist zu gehorchen ist Hochmut, weil man sich anmaßt, die Grenzen des Machbaren zu überschreiten. Das Bewusstsen der Grenzen hingegen nö-

---

[258] Rö 12,19.

tigt zur Demut des Vertrauens. Wir sind angewiesen. „Geduld haben heißt also Zeit haben. Man kann nicht aufs Ackerfeld hinausrennen und drängen, daß die Saat wachse", schreibt Thurneysen. „Aber zur rechten Zeit wird der Regen fallen, und die Saat wird wachsen, und eine Ernte wird kommen."[259]

Auch alle Weisheit „von oben", alles Reifwerden des Glaubens und der Persönlichkeit, alle tiefgreifenden Veränderungsprozesse, alle wirkliche Bewältigung von Krisen und Störungen, alle Erziehung und alle therapeutische Nacherziehung, wie überhaupt alles dauerhafte Gute ist ein allmähliches Wachsen: Gut Ding will Weile haben. Wir können günstige Voraussetzungen dafür schaffen, aber *machen* können wir es nicht. Kein Arzt *macht* seine Patienten gesund, denn er ist nicht Herr der Gesundheit. Kein Berater löst die Probleme seiner Klienten, er kann sie nur unterstützen dabei. Handlanger Gottes sind wir alle und Diener souveräner Persönlichkeiten, deren guter Wachstumsweg völlig anders aussehen kann als wir denken. Die Bescheidenheit und Gelassenheit des Nicht-Machens, des Zeit-Haben und Zeit-Lassens, und die Achtung vor den geheimnisvollen Wachstumsvorgängen im Herzen der Menschen, über die wir nicht verfügen, sind ganz wesentliche Voraussetzungen für den seelsorgerlichen Dienst.

---

[259] E. Thurneysen, a.a.O., 183f.

Verse 10-11: Die Geduld der Klage

(10) Nehmt, liebe Brüder, zum Vorbild des Leidens und der Geduld die Propheten, die geredet haben in dem Namen des Herrn. (11) Siehe, wir preisen selig, die erduldet haben. Von der Geduld Hiobs habt ihr gehört und habt gesehen, zu welchem Ende es der Herr geführt hat; denn der Herr ist barmherzig und ein Erbarmer.

Auch wider Gott seufzt das gespaltene Herz. Es tut so, als wäre alles in Ordnung, aber es ist keineswegs glücklich in seinem Glauben. Es vergräbt seine Talente, weil es den himmlischen Diktator fürchtet, der ihn auspresst und missbraucht. Der ältere Bruder des „verlorenen" Sohns ist das Musterbeispiel eines chronisch wider Gott seufzenden Glaubenden.[260] Er lässt sich nichts zuschulden kommen. Er verzichtet auf vieles, um vor seinem Vater Eindruck zu machen. Seinen jüngeren Bruder, der sich unbekümmert dem Leben zuwendet, verachtet er zutiefst. Irgendwann muss ihn der Vater für sein mühevolles Leben belohnen. Aber er spricht nicht darüber. Als schließlich sein abgrundtiefer Groll aus ihm herausbricht, ist der Vater erschüttert: „Warum hast du nie etwas gesagt? Mein ganzer Besitz stand dir genauso zur Verfügung wie deinem Bruder. Jeden Tag hättest du zum Festtag machen können. Warum hast du mir nicht vertraut?"

Auch das Seufzen wider Gott verändert nichts, außer dass wir immer mehr auf Distanz zu ihm gehen. Viele machen aus der Not eine Tugend, indem sie sich ein Gottesbild zurechtlegen, das ihrer Freudlosigkeit entspricht, das Bild des strengen, harten Gottes. Der Gebe-Gott des Jakobusbriefs steht in unüberbrückbarem Gegensatz dazu.

Wenn Jakobus nun „die Propheten" und Hiob als „Vorbild des Leidens und der Geduld" herausstellt und wir uns bewusst machen, worin deren Geduld angesichts

---

[260] Lk 15,25-32.

ihrer Leidenserfahrungen wirklich bestand, dann wird deutlich, dass es ihm tatsächlich um den soeben beschriebenen Gegensatz des Seufzens und Klagens geht. Denn diese Geduld war nichts als unablässiges, unaufhaltsames, ungehemmtes Klagen.[261]

Die Geduld des Glaubenden ist grundsätzlich ein stilles, vertrauendes Warten. Zur Klage wird sie erst, wenn es so aussieht, als sei das Warten sinnlos geworden. Die „rechte Zeit" ging ohne Regen und Ernte vorüber. Die Klage ist der Widerstand des Glaubenden, wenn der Sorgengeist ihn gnadenlos verhöhnt und ihm befiehlt, sich seinem Herrschaftsanspruch zu fügen: „Das hast du nun von deinem Gottvertrauen!" Dann wir die Anfechtung so schwer wie für Hiob.

Als Glaubende machen wir viele Erfahrungen, die uns Anlass zum Seufzen gegen Gott geben. Weil der Gebe-Gott keinem Vorhaltungen macht, der sich ehrlichen Herzens an ihn wendet, sind unsere Enttäuschungen mit ihm es wert, dass wir uns bei ihm beklagen. Klage ist die ungehemmte, unbeschönigte, vollkommen aufrichtig vor Gott ausgesprochene Enttäuschung und Wut über die empfundene Diskrepanz zwischen dem Zuspruch seiner Liebe und der erfahrenen Realität. Klage ist immer angebracht, wenn wir darunter leiden, Gottes Verhalten überhaupt nicht mehr zu verstehen.

„Jakobus kommt auf seinen Anfang zurück"[262]: Selbst Hiobserfahrungen dürfen uns Grund zur Freude sein, weil es nicht sein kann, dass der Gebe-Gott sich *nicht* erbarmt. Denn er ist „sehr barmherzig und gnädig", wie Bengel, noch enger am griechischen Text, übersetzt. „Als der Barmherzige legt er nicht mehr auf, als der Dulder tragen kann; als der Gnädige ist er so zärtlich gesinnet, daß er's auch an einem seligen Ausgang nicht fehlen läs-

---

[261] Wahrscheinlich denkt Jakobus, wenn er „die Propheten" nennt, vor allem an Jeremia, dessen Klage ganz ähnlich klingt wie Hiobs Klage.

[262] J.A. Bengel, a.a.O., 737.

set."[263] Die unablässige Klage wird sich lohnen. Wir müssen nur bereit bleiben, uns trösten zu lassen. Wenn wir uns vom positiven Gottesbild verabschieden und nur noch auf das negative fixiert sind, kann sich die heiße Klage in erwartungslosen, kalten Zynismus verwandeln. Das Problem daran ist nicht, dass Gott uns deswegen böse ist - er macht keine Vorhaltungen. Das Problem ist, dass wir uns ihm verschließen und uns nicht mehr von seiner Liebe überzeugen lassen, selbst wenn sie von allen Seiten auf uns eindringt.

Vers 12: Manipulativer Nachdruck

Vor allen Dingen aber, meine Brüder, schwört nicht, weder bei dem Himmel noch bei der Erde noch mit einem andern Eid. Es sei aber euer Ja ein Ja und euer Nein ein Nein, damit ihr nicht dem Gericht verfallt.

Jakobus formuliert das sehr ähnlich wie Jesus in der Bergpredigt, worauf er hier auch zweifellos Bezug nimmt:[264]

„Ihr habt weiter gehört, dass zu den Alten gesagt ist 'Du sollst keinen falschen Eid schwören und sollst dem Herrn deinen Eid halten.' Ich aber sage euch, dass ihr überhaupt nicht schwören sollt, weder bei dem Himmel, denn er ist Gottes Thron; noch bei der Erde, denn sie ist der Schemel seiner Füße; noch bei Jerusalem, denn sie ist die Stadt des großen Königs. Auch sollst du nicht bei deinem Haupt schwören; denn du vermagst nicht ein einziges Haar weiß oder schwarz zu machen. Eure Rede aber sei: Ja, ja; nein, nein. Was darüber ist, das ist vom Übel."

Uns kommt es heute seltsam vor, wenn vor dem Schwören so eindringlich gewarnt wird. Noch seltsamer sind

---

[263] Ebd.

[264] Mt 5,33-37.

für uns die aufgeführten Formeln: „Beim Himmel", „bei der Erde", „bei Gottes Thron", „bei Jerusalem", „bei deinem Haupt". Jesus und Jakobus sprechen wahrscheinlich eine damals weit verbreitete pseudofromme Gewohnheit an, seinen Aussagen den Schein besonderer Glaubwürdigkeit zu verleihen: Fromm klingendes, wichtigtuerisches leeres Geschwätz.

Das Schwören wird wohl auch nicht selten den Charakter des *Be*-schwörens angenommen haben. Beschwörungskunst ist Magie. Beschwörer hüllen sich in den Dunst geheimnisvoller göttlicher Autorität, die sie zu pathetisch gewichtigen Sprüchen und Gebärden des Segnens und Fluchens bevollmächtigt, gerade so, als spräche Gott selbst durch sie. Aber es scheint nur so.

Wenn explizit das Schwören zwar für uns heute kein wirkliches Problem ist, so ist es das phrasenhafte Pathos in Verkündigung, Konversation und Gebet um so mehr. Dazu gehört auch das „Herr, Herr" - Gerede, das für Jesus anscheinend geradezu ein Kennzeichen unwahrhaftiger Frömmigkei war.[265]

Wir wollen nicht behaupten, der Gebrauch phrasenhafter frommer Ausdrucksweisen sei ein sicheres Zeichen für Unwahrhaftigkeit. Gewiss ist es sehr oft in Wirklichkeit nur die Gewohnheit, die Glaubende ungeteilten Herzens in ihren Sog zieht. Aber die unreflektierte Gewohnheit verleitet auch den Aufrichtigen zu unbedachtem Reden und Verhalten. Und gerade bei den empirisch nicht überprüfbaren Angelegenheiten des Glaubens ist so furchtbar leicht vieles gesagt, was nicht mit dem realen Leben und dem tatsächlich praktizierten Glauben übereinstimmt. Jakobus hat dem zuvor schon durch den Grundsatz „Schnell zum Hören, langsam zum Reden" den Riegel vorgeschoben. Toter Glaube erübrigt sich im leeren Geschwätz. Sagen kann man viel. Aber wie wirkt

---

[265] Mt 7,21-23.

sich dein Glaube auf dein *Leben* aus? Die *Echtheit* des Glaubens erweist sich nicht im beschwörenden Pathos, sondern in der tatsächlichen Lebenspraxis.

Beim Seelsorger stellt sich die Warnung, nicht zu schwören, allen Ambitionen entgegen, seiner Glaubwürdigkeit besonderen Nachdruck zu verleihen beziehungsweise seinen Einfluss auf den Klienten auf manipulative Weise zu steigern. Auch das ereignet sich zum Teil gewohnheitsmäßig. Als Seelsorger sind wir aufgerufen, zum Beispiel bei Segensgebeten, besonders wenn sie mit symbolisch zusprechenden Gesten wie der Handauflegung verbunden sind, unaufdringlich und natürlich zu bleiben und uns zu fragen: Warum tue ich das jetzt? Ist es die fromme Gewohnheit in meinen Kreisen? Will ich damit meinen bescheidenen Worten mehr Überzeugungskraft verleihen? Kaschiere ich dadurch meine Hilflosigkeit? Allem, was künstlich wirkt in der Glaubenspraxis, haftet zu Recht der Verdacht an, nicht echt zu sein.

Es gehört zu den bahnbrechenden Erkenntnissen von Carl Rogers (1902-1987), solche Verhaltensweisen des Therapeuten als letztlich kontraproduktiv entlarvt zu haben. Der Therapeut versteckt sein wahres Selbst hinter der Fassade der Symbole seiner besonderen Vollmacht und verhindert dadurch, als authentisch empfundener Mitmensch unmittelbarer Resonanzboden der Emotionen des Klienten zu sein, zu dessen Selbsterforschung und Selbsterkenntnis. Rogers zog darum den weißen Kittel aus, der bis dato den klinischen Psychologen schmückte, setzte sich auf Augenhöhe dem Patienten gegenüber, sagte „Klient" statt „Patient" zu ihm, und verzichtete ganz auf suggestive Fragen und Anweisungen. Der Therapeut nach Rogers gibt sich nicht mehr den Nimbus ehrfurchtgebietender *Behandlungskompetenz*, sondern unterstützt bescheiden, aber selbstbewusst die *Bewältigungskompetenz* des Klienten. Er macht ihm nichts vor, er führt nichts im Schild, sein Ja ist ein Ja und sein Nein ist ein Nein. „Was

darüber ist, das ist vom Übel." Darin liegt die zeitlose
Gültigkeit der eindringlichen Warnung, die Jesus und Jakobus auf die zeitgenössische Unsitte des Schwörens bezogen.

Verse 13-14: Die Schwächsten in die Mitte

(13) Leidet jemand unter euch, der bete; ist jemand guten Mu-
tes, der singe Psalmen. (14) Ist jemand unter euch krank, der
rufe zu sich die Ältesten der Gemeinde, dass sie über ihm beten
und ihn salben mit Öl in dem Namen des Herrn.

„Alles, was uns bewegt, soll nach oben dringen", schreibt
Schlatter zu Vers 13.[266] Auf die Ausrichtung kommt es
an, nicht auf die Form. Gebet ist viel mehr als ein Aufsa-
gen von Gebetsanliegen und das Psalmensingen vollzieht
sich nicht nur im Deklamieren einschlägiger Lobpreis-
und Anbetungslieder. Beides ist eine Bewegung des ungeteilten Herzens, die aus dem Hören kommt. Beides ist
das Bemühen, das Herz auf das harmonische Bild des Gebe-Gottes einzustimmen. Das Gebet des Leidenden ist authentisch in der schmerzlich empfundenen Dissonanz,
die in der Klage ihren Ausdruck findet: „Es passt nicht
zusammen mit deiner Barmherzigkeit, mein Gott, was ich
erfahre!" Dieses Beten beschönigt nicht, es kämpft.

Hingegen ist der Wohlgemute in guter Stimmung,
wohl *gestimmt* ist er, weil er Stimmigkeit empfindet zwischen seiner Erfahrung und dem positiven Gottesbild.
Sein Herz empfindet Harmonie, es hört den wohltuenden
Gleichklang und stimmt sich darauf ein. Das bringt Leib
und Seele in Schwingung, es wird zur Musik, und die
Zunge regt es an zum Lied. Beides kommt von innen heraus. Beides ist echt, es steht im Gegensatz zum hohlen
Pathos des frommen Schwätzens.

Aber Jakobus sieht noch andere vor sich, denen das

---

[266] A. Schlatter, a.a.O., 210.

Singen völlig vergangen ist, die so einsam sind in ihrem Leid, dass ihre Klage in Bitterkeit zu ertrinken droht, und solche sieht er, die einfach keine Kraft mehr haben. Nicht nur sie, aber sie besonders hat er vor Augen, wenn er empfiehlt: „Ist jemand unter euch krank, der rufe zu sich die Ältesten". Es geht da nicht nur um Krankheit im engeren Sinn. Das hier mit „krank" übersetzte Wort kann auch „Schwäche" in allen möglichen Varianten bedeuten.

Die Ältesten sind im Urchristentum noch die Hauptverantwortlichen der Gemeinde kraft ihrer Gnadengabe, und das bedeutet: kraft ihrer authentischen, von innen heraus kommenden und überzeugenden Autorität. Die Ältesten sind die Erfahrensten, Bewährtesten, Vertrauenswürdigsten, verlässliche, engagierte Mütter und Väter der Gemeinde. Naturgemäß und gottgewollt stehen sie im Mittelpunkt der Aufmerksamkeit; um sie dreht sich viel in der Gemeinde, im Gegensatz zu jenen Schwachen und Schwächsten. „Nehmt euch so wichtig, dass ihr diese wichtigen Menschen zu euch ruft!", mutet Jakobus ihnen zu. Es ist die Zumutung, sich selbst in den Mittelpunkt zu stellen, sich *gleich* wichtig zu nehmen wie jene.

Und darin liegt nun auch der Auftrag an die Ältesten: Die Schwachen und Schwächsten in die *Mitte* zu nehmen. Wenn in der christlichen Gemeinschaft die Liebe herrscht, dann ist die Mitte ein warmer, geschützter, wohltuender Raum der Geborgenheit. Hier herrscht ein heilsames Klima des Vertrauens zueinander und in die Barmherzigkeit des Gebe-Gottes. „Über ihm beten" bedeutet ein schützendes Umschließen wie auch ein hoffendes Öffnen der Hände hin zum Gebe-Gott, der sich erbarmen *muss*, weil er die Liebe ist.

Wieder geht es Jakobus um den seelsorgerlichen Dienst des Besuchens.[267] Schlatter beklagte an dieser Stelle bereits vor hundert Jahren nicht nur, dass der Besuchs-

---

[267] Vgl. Jk 1,26f.

dienst in den Gemeinden zu kurz komme, sondern er nahm auch wahr, dass „so viele Besuche, und zwar gerade Besuche des Pfarrers, die gemacht werden, leer und fruchtlos verlaufen. Und warum? Weil der Besuchende zwar kommt, aber er kommt 'ungerufen'. Man redet zusammen, aber es ereignet sich nichts."[268] Es wird keine Seelsorge aus dem seelsorgerlichen Besuch, weil das Klima des Vertrauens in einem real gelebten liebevollen christlichen Miteinander fehlt. Ein gut geschulter, gut organisierter und gut integrierter seelsorgerlicher Besuchsdienst kann wesentlich dazu beitragen, dass aus fassadenhaften Höflichkeitsgesten ehrliche, hilfreiche Begegnungen werden.

Das Salben mit Öl ist Symbol der Schnittstelle von menschlichem und göttlichem Handeln: Es steht einerseits dafür, dass es sich beim Akt des In-die-Mitte-Nehmens genauso um einen Samariterdienst handelt und damit um genauso tatkräftige Hilfe wie im Fall des bitter Armen in Kapitel 2, der nicht einmal über die nötigste Kleidung verfügt.[269] Jakobus lehrt keine Zweiteilung in diakonischen und „geistlichen" Dienst und erst recht nicht den Ersatz menschlichen Heilungsdienstes durch göttliche Machttaten.[270] Öl war zu seiner Zeit eines der gebräuchlichsten Medikamente und so ist es auch hier gemeint. Aber die Salbung mit Öl galt den Israeliten auch schon seit Urzeiten als Zeichen der ganz besonderen Würdigung eines Menschen im Namen Gottes. „Du bist aller Achtung und Liebe würdig", sagt das Symbol, „für uns und für Gott. Wie ein König bist du für uns." Wenn das geschieht, dann tritt die Gemeinschaft der Christen ins Allerheiligste ihres Glaubens, denn sie bringt sich

---

[268] A. Schlatter, a.a.O., 210.

[269] Jk 2,15f.

[270] „Wir wissen, wie auch hier wiederum unser Stolz droht, indem wir es ohne Arzt und ohne Medizin machen möchten. Aber das Gebet ist nicht dazu da, den Arzt zu ersetzen." E. Thurneysen, a.a.O., 207.

ganz in Kongruenz mit dem Mysterium ihres Meisters, der zugleich der Allerverachtetste und Unwerteste[271] und als der einzig wahre Mensch Gottes wahrer König aller Menschen wurde. Jetzt und nur jetzt ist die Gemeinschaft der Christen wahrhaftig Gemeinschaft unter dem Kreuz.[272]

„Im Namen des Herrn" will sagen: „auf die Gegenwart Jesu Christi hin", wie Thurneysen formuliert.[273] Das ist aber etwas ganz anderes als das Beschwörungspathos der Herabzwingung des Heiligen Geistes christlicher Heilungsveranstaltungen, denn hier geht es nicht um Wunder, sondern um Liebe. Die Gegenwart Christi ist die Gegenwart seiner Liebe. Sie ist den Glaubenden nicht verfügbar, aber sie ist kongruent mit seiner aufrichtigen Haltung des Erbarmens von Mensch zu Mensch und der wahrgenommenen Verantwortung für den leidenden Mitmenschen. Aus der Kongruenz kann ein transparentes Verschwimmen der Grenze zwischen begrenzter Menschenliebe und grenzenloser Gottesliebe werden. Darauf hofft der fürbittende Christ.

Vers 15: Der Dienst des Tröstens

> Und das Gebet des Glaubens wird dem Kranken helfen, und der Herr wird ihn aufrichten; und wenn er Sünden getan hat, wird ihm vergeben werden.

Im Griechischen steht hier ein stärkeres Wort als unser „helfen", das auch mit „retten" übersetzt werden kann. Das müssen wir nicht im Sinne einer letzten Ölung verstehen, um die Seele vor dem Höllenfeuer zu bewahren,

---

[271] Jes 53,3.

[272] Von daher ist es nachvollziehbar, dass die Krankensalbung im Katholizismus ein Sakrament ist. Der theologische Kontext, in den Jakobus sie stellt, bringt sie tatsächlich in unmittelbaren Zusammenhang zum Sakrament der Eucharistie.

[273] E. Thurneysen, a.a.O., 201.

wohl aber deutet es darauf hin, dass Jakobus von Nöten spricht, in denen es in irgendeiner Weise um Leben und Tod geht. Wahrscheinlich ist seine größte Sorge, besonders geschwächte Mitchristen könnten noch zusätzlich durch die lieblose Distanziertheit der andern so sehr überlastet werden, dass sie daran zerbrechen und darüber auch ihr Vertrauen in die Barmherzigkeit Gottes verlieren.

Vielleicht räumt Jakobus gerade deswegen ein, dass der Geschwächte auch „Sünden getan" haben könnte, dass er also, wie der Richtgeist zu urteilen pflegt, „selber schuld" an seinem Leiden ist,[274] woraus der Richtgeist folgert, es sei nur recht und billig, ihn mit Verachtung zu strafen. Er mag sogar *nur* „Sünden getan" haben und ist dennoch genau derselben Zuwendeung wert zu achten wie der sündlos Kranke. Denn der Gebe-Gott demütigt niemand seiner Fehler wegen und Paulus zufolge steht die Gemeinschaft der christlichen Sünder unter der Maxime des „Gesetzes Christi": [275]

> *„Liebe Brüder, wenn ein Mensch etwa von einer Verfehlung ereilt wird, so helft ihm wieder zurecht mit sanftmütigem Geist, ihr, die ihr geistlich seid; und sieh auf dich selbst, dass du nicht auch versucht werdest. Einer trage des andern Last, so werdet ihr das Gesetz Christi erfüllen."*

Für unseren Zusammenhang ist zu beachten, wie Paulus fortfährt:[276]

---

[274] Implizit bestätigt Jakobus hiermit auch noch die Lehre Jesu (Joh 9,1-3), dass es keinen notwendigen Zusammenhang zwischen Sünde und Krankheit gibt, was zwar für judenchristliche Leser anstößig gewesen sein mag, für uns aber nur ein Hinweis am Rande bleiben kann.

[275] Gal 6,1f.

[276] Gal 6,3-5.

„Denn wenn jemand meint, er sei etwas, obwohl er doch nichts ist, der betrügt sich selbst. Ein jeder aber prüfe sein eigenes Werk; und dann wird er seinen Ruhm bei sich selbst haben und nicht gegenüber einem andern. Denn ein jeder wird seine eigene Last tragen."

Für Paulus ist es völlig normal, dass „ein Mensch etwa von einer Verfehlung übereilt wird", es ist diesem Menschen nicht vorzuwerfen, sondern man muss ihm wieder auf die Beine helfen, nicht mit richtendem Geist von oben herab, sondern „sanftmütig" von unten herauf, völlig ohne Moralismus, ohne jeden Vorwurf. Wer „meint, er sei etwas", begegnet dem Gestürzten mit Verachtung. Aber er betrügt sich selbst, denn er könnte tatsächlich genauso stolpern. „Er prüfe sich selbst", um bei sich selbst angemessen zwischen Stärke und Schwäche differenzieren zu können. Dass er „seinen Ruhm" dann „bei sich selbst haben wird" und nicht, indem er sich selbst auf Kosten des andern groß macht, ist in diesem Fall Ironie. Wenn er ehrlich ist, wird er mehr an sich selbst zu leiden haben als am Fehlverhalten seines Nächsten.

Wie auch überall in den Evangelien wird hier die Zusage der Vergebung unabhängig vom „korrekten" Sündenbekenntnis genannt, ganz anders als in den ritualisierten Formen der Beichte. Indem sie ihn in die Solidaritätsgemeinschaft des teilnehmenden Gebets nehmen, indem sie sich ihm salbend zuwenden, wird der Leidende aufgerichtet, und indem er aufgerichtet wird, fallen auch die Schatten der Sünde von ihm ab, denn er wird aus seinem Isolationsloch herausgehoben, rehabilitiert, in Schutz genommen, angenommen.

Wenn der Geschwächte, ob nun Fehlverhalten seinen Zustand verursacht hat oder nicht, als Bedürftiger liebevoll im Klima echten Vertrauens in die Mitte genommen und ihm das heilende Öl bestmöglicher menschlicher Hilfe und höchster menschlicher wie göttlicher Wertschätzung eingerieben wird, dann wird ihn das retten und aufrichten: retten vor der Gefahr der völligen Verbitterung und aufrichten, indem er selbst wieder auf die Beine kommt, sofern er noch Beine hat, die ihn tragen können, indem sein Rücken gestärkt wird und er seinen Kopf wieder aufrecht und selbstbewusst tragen kann als hoch geachtetes, gewolltes und gebrauchtes Mitglied inmitten der Gemeinschaft. Da Selbstzweifel, Einsamkeit Resignation und Bitterkeit sehr wahrscheinlich einen erheblichen Anteil bei der Entstehung nicht nur psychischer, sondern auch psychosomatischer und dem Anschein nach rein körperlicher Krankheiten haben, können aus solchen Begegnungen auch beeindruckende Heilungserfahrungen hervorgehen, weil der Betroffene hier genau die Medizin bekommt, die er für sein Leiden braucht, nämlich echten Trost. Seelsorge ist vor allem der Dienst des Tröstens.

Vers 16: Nochmals: Ehrlich werden

Bekennt also einander eure Sünden und betet füreinander, dass ihr gesund werdet. Des Gerechten Gebet vermag viel, wenn es ernstlich ist.

Wenn die Ältesten kommen und beten über dem Kranken, dann geschieht ein Zusammenschluss der Liebe über ihm. Sie hüllen ihn ein, sie nehmen ihn hinein in die Solidaritätsgemeinschaft der Sünder und Heiligen. So geschieht Vergebung. Diese bedarf so wenig eines festgelegten Vorgehens wie in der Geschichte der stadtbekannten „Sünderin" oder des Gelähmten, der von den Vieren getragen wird: Sie ereignet sich, ob sie so benannt wird oder nicht. Denn Vergebung ist per se geklärte Beziehung, hergestellte Einheit. Und in dieser Einheit liegt die Kraft der Heilung. Und darum ist es selbstverständlich, wenn Jakobus fortfährt: „Bekennt also einander eure Sünden und betet füreinander". Selbstverständlich sind hier die Ältesten mit eingeschlossen, selbstverständlich gibt es da kein „Oben" und „Unten".

Den Ältesten damals und heute, den Hirten und Lehrern, den designierten Seelsorgern, Beratern, Supervisoren, schärft Jakobus hiermit nochmals ein: Das Grundprinzip der Seelsorge ist das Prinzip der *Gegenseitigkeit.* Wenn euer Dienst *wirksam* sein soll, so ist das Wort „ernstlich" nämlich genau zu übersetzen, dann kommt hervor hinter eurer Fassade und werdet selbst so ehrlich, wie ihr es euch von euren Klienten wünscht, nicht nur grundsätzlich, sondern in der konkreten Begegnung mit ihnen.

Das Sündenbekenntnis vor dem Mitchristen hat in den Traditionen der Beichte seine ritualisierten Formen gefunden. Wir werden dem Text aber überhaupt nicht gerecht, wenn wir unsere Vorstellungen von „Sündenbekenntnis" auf diese Traditionen fixieren.[277] Wie schon beim Begriff „Sünde" selbst tun wir auch beim Begriff „Sündenbekenntnis" gut daran, seine Wirkungsgeschichte beiseite zu schieben, um den Bedeutungskern zu erfassen. Das deutsche Wort „beichten" kommt von „be-jichten", was „bejahen" bedeutet. Das enspricht dem griechischen *homologeo*, das im Neuen Testament für Sündenbekenntnisse verwendet wird. Es heißt auf Deutsch „ich sage dasselbe", mit anderen Worten: Ich stehe ehrlich zu den Tatsachen, ich *bekenne* mich dazu. Mithin ist das wesentliche Kriterium des Beichtgeschehens die *Ehrlichkeit.* Das „Sündenbekennen", von dem Jakobus spricht, ist also ein fassadenloses, offenes Teilgeben der eigenen Irrtümer, die zu schädigendem Verhalten führten.

Die geteilten Herzen formen eine Pseudogemeinschaft der Fassadenhaftigkeit miteinander. Wer ein Problem hat,

---

[277] Melanchthon schrieb dazu treffend: „Es möchte etwa auch einer den Spruch Jakobi anziehen: 'Bekennet einander eure Sünden' Er redet aber da nicht von der Beichte, die dem Priester geschieht usw., sonder rredet von einem Versöhnen und Bekennen, wenn ich sonst mich mit meinem Nächsten versöhne." P. Melanchthon, a.a.O.

macht es mit sich selbst aus und tut nach außen hin, als wäre alles gut. Oder er lässt sich die Rolle des Problembehafteten aufdiktieren, als systemkonformer Vorzeigeschwacher, dem gnädig geholfen wurde und der nun, erst recht Gnade erfahrend, auch dazugehören darf, weil es gut ist für das Image einer christlichen Gemeinde, auch eine Anzahl echter (bekehrter) Sünder in ihren Reihen zu haben und vielleicht noch eine weitere Anzahl schwieriger Typen, die man großzügig duldet. Weil ihr Selbstbewusstsein schwach ist, spielen sie mit, bewundern die tadellosen Fassaden ihrer Gönner und hängen an ihren Lippen.

Kennzeichen wahren Vertrauens ist aber die Freiheit, miteinander ganz offen auch mit den peinlichsten Erfahrungen des Scheiterns umgehen zu können. Wo das Gesetz der Freiheit regiert, geht das auch tatsächlich. Die christliche Gemeinschaft ist da wirklich und ganz vom Erbarmen bestimmt, wo die Angst, gerichtet, verachtet oder gar verdammt zu werden, völlig aufgehoben ist. Das ist nur möglich, wenn es absolut kein Oben und Unten mehr in der „Gemeinschaft der Heiligen" gibt. Diese ist nur wirklich eine Gemeinschaft der *Heiligen*, wenn sie auch ohne jeden Unterschied eine Gemeinschaft der *Sünder* ist. „Wir verfehlen uns alle mannigfaltig",[278] hat Jakobus im Zusammenhang mit der Wahrhaftigkeit des Redens gesagt: Es fällt uns ungeheuer schwer, vorbehaltlos ehrlich zu sein. Wir haben auch gute Gründe dafür, denn die Seelsorgepraxis der Kirche ist weithin durch ein hierarchisches Verhältnis bestimmt: Ein Hirte widmet sich dem Schaf, ein Starker hilft dem Schwachen zurecht, wenn die Ältesten kommen, dann kommen sie von oben herab, so brüderlich sie sich auch gebärden. Wenn es auch wahr ist, dass meine Stärken dich in deinen Schwächen ergänzen sollen, so kann es aber doch nur auf Ge-

---

[278] Jk 3,2.

genseitigkeit beruhen.

Was uns alle eint, ist die Anfälligkeit für Irrtümer und schmerzliche Folgen, die daraus entstehen. Dem leichthin herausgeschwätzten „Das könnte jedem passieren..." folgt oft ein unaugesprochener zweiter Satz: "...aber mir nicht." So denkt der heimliche Richtgeist, der Verächter. Dann wird der Betroffene allenfalls seufzend geduldet, aber nicht gewollt, geschätzt, geliebt, gebraucht. So gerät er an den Rand, wenn er sich nicht ohnehin schon dort befand.

Wenn wir uns einander ehrlich und auf Augenhöhe begegnen, werden wir gesund, sagt Jakobus. Wir werden erstens selbst *innerlich* gesund, wenn auch unser äußerer Mensch krank und schwach bleiben mag. Denn wir werden wahrhaftig und Wahrhaftigkeit ist der Weg vom geteilten zum ungeteilten Herzen. Und zweitens wird unsere *Gemeinschaft* gesund. Dahin zielt Jakobus mit seinem Brief. Die Zusage, auf diese Weise von körperlichen Leiden und anderen schwierigen Lebensverhältnissen frei zu kommen, liegt Jakobus fern.

Vers 17-18: Noch ein Vorbild

(17) Elia war ein schwacher Mensch wie wir; und er betete ein Gebet, dass es nicht regnen sollte, und es regnete nicht auf Erden drei Jahre und sechs Monate. (18) Und er betete abermals, und der Himmel gab den Regen und die Erde brachte ihre Frucht.

Das ernste Gebet des Gerechten in Not ist die unblässige und ungehemmte Klage. Auch Elia war kein Beschwörer, kein Magier, der mit vollmächtigen Gebetssprüchen sogar Regen herbeirufen oder verhindern konnte. Nein, „Elia war ein schwacher Mensch wie wir". Noch zutreffender können wir übersetzen: „ein Mensch genau wie wir". „Als ein Mensch wie wir war er in dieselbe Enge und Schranke der menschlichen Bedürftigkeit und

Schwachheit eingeschlossen", folgert Schlatter.[279] Und als
dieser schwache, geängstete, sehr bedürftige, anfällige
und von vielen Irrtümern geplagte Mensch war er zutiefst in Not. Elia steht mit Hiob und Rahab in einer Reihe. Und mit uns!

Sein Gebet ist „ernstlich", weil es aus dem Leiden hervorgeht. „Er betete mit Gebet", schreibt Jakobus wörtlich.
„Diese Ausdrucksweise bezeichnet etwas in starker Weise, in hohem Grade Geschehendes", erklärt Bengel.[280]
Wie die Propheten, Hiob und Jesus engagiert sich Elia lei-
denschaft und mit ungeteiltem Herzen für Gottes Sache.
Sein Gebet ist existenzieller Widerstand gegen die Ge-
waltherrschaft des Bösen angesichts der wahrgenommenen Wirkungslosigkeit des Gottes, an den der von ganzem Herzen glaubt.

Thurneysen schreibt: „Beten ist nicht eine Kunst, ein
Können, über das der eine verfügt, während der andere
nicht darüber verfügt, sondern da sind wir alle gleich
dran, da stehen wir alle in einer Reihe."[281] Elias Gebet ist
nicht die Beschwörungskunst des Regenzaubers, sondern
Kampf. Jakobus will uns seinem Beispiel sagen: Für das,
„was wir bedürfen, ist uns das Ohr Gottes so offen, wie
es Elia offenstand."[282] Genauso offen wie für Hiobs hem-
mungslose Klage.

---

[279] A. Schlatter, a.a.O., 214.

[280] J.A. Bengel, a.a.O., 739.

[281] E. Thurneysen, a.a.O., 214.

[282] A. Schlatter, a.a.O., 214.

Verse 19-20: Unsere Berufung

(19) Liebe Brüder, wenn jemand unter euch abirren würde von der Wahrheit und jemand bekehrte ihn, (20) der soll wissen: wer den Sünder bekehrt hat von seinem Irrweg, der wird seine Seele vom Tode erretten und wird bedecken die Menge der Sünden.

Zuletzt richtet sich Jakobus noch einmal an *alle* Gemeindeglieder. „Einer sey für den Andern besorgt, sie seyen beiderseits, wer sie wollen. Alle werden hiemit Allen anbefohlen".[283] Einer trage des andern Last. So erfüllt sich das Gesetz der Freiheit, das Gesetz der Barmherzigkeit, das *eine* Gesetz der Liebe. Darum ging es Jakobus den ganzen Brief hindurch.

Genau wie es für Jakobus eine innere und eine äußere Gesundheit gibt und er die innere über die äußere stellt, gibt es für ihn auch eine Abstufung der seelsorgerlichen Ziele. Hauptziel ist für ihn die Gesundung des inneren Menschen, indem wir ehrlich werden, um unsere eigene Wahrheit zu finden, die vor allem darin besteht, dass wir Menschen ungeteilten Herzens werden. Die Wege des Abirrens von der Wahrheit hat Jakobus aufgezeigt: Den Grundmechanismus des Einwilligens in die böse Lust der Feindseligkeit und Bequemlichkeit betrügerischer Kompensationen, das Irrewerden an der Vertrauenswürdigkeit des Gebe-Gottes, die fehlende Achtsamkeit, die Versuchungen der Habgier, des Sorgens und des Richtgeistes. „Bekehrung" ist für ihn nichts anderes als der Wechsel von der Lüge zur Wahrheit. Wer einem anderen Menschen dazu verhilft, „errettet seine Seele vom Tod", aus dem schlichten Grund, dass die Irrtumswege der Lügenstimmen in uns selbst, denen wir auf den Leim gehen, zu destruktiven Verhaltensweisen führen, wenn wir ihnen Glauben schenken, und das konsequente Ende und Ziel aller Schädigung, die aus der Lüge kommt, ist der Tod.

---

[283] J.A. Bengel, a.a.O., 740.

Bedeckt wird die Sünde des zur Wahrheit Bekehrten, weil sie vom Moment des Übertritts von der Lüge zur Wahrheit keine Rolle mehr spielt, nicht bei Gott, da er niemanden schmäht, noch bei Menschen, sofern sie Vernunft walten lassen und darum andere und sich selbst nicht nach vergangenen Fehlern beurteilen, die nicht mehr rückgängig zu machen sind, sondern danach, ob sie aus den Fehlern lernen. Die Lieblosigkeit schmäht, sie hat Lust an der Erniedrigung und Entblößung der Schwächen anderer, aber das Erbarmen deckt zu und ermutigt aufzustehen und sich wieder neu und ganz dem Leben zuzuwenden.

> *„Gott beruft uns zum Dienst der Liebe als solche, die selbst der Hilfe bedürftig sind. Die Liebe und die Wahrheit verbindet Jakobus unlöslich miteinander. Er heißt uns in der Wahrheit das Mittel erkennen, durch das unsere Liebe den anderen wirklich dienen kann, und heißt uns in der Liebe das Mittel sehen, durch das die Wahrheit uns heilsam wird und uns rettet.“*[284]

Mit diesen Sätzen zum letzten Vers des Jakobusbriefs bringt Adolf Schlatter zusammenfassend schön und treffend dessen durch und durch seelsorgerliche Ausrichtung zum Ausdruck, denn diese Berufung ist mit keinem Wort besser benannt als mit dem Wort „Seelsorge“. Diese Berufung ist unserer Mission. Das ist der Dienst der Liebe in der Wahrheit und der Dienst der Wahrheit in der Liebe, von dem Jakobus in überaus prägnanter, tiefer, umfassender und zeitlos gültiger Weise in jedem Satz gesprochen hat.

---

[284] A. Schlatter, a.a.O., 215.

Quellenverzeichnis

Aebi, Ernst. *Kurze Einführung in die Bibel.* 9. Aufl. Bibellesebund: Winterthur, 1987.

Aurifaber. *Tischreden oder Colloqvia Doct. Mart. Luthers.* Faksimiledruck der Originalausgabe 1566 aus dem Besitz der Universitätsbibliothek Leipzig. Mit einem Nachwort v. H. Junghans. Lizenzausgabe. Edition Leipzig: Leipzig, 1983.

Bengel, Johann Albrecht. *Gnomon: Auslegung des Neuen Testaments in fortlaufenden Anmerkungen.* Bd, 2, Teil 2: *Briefe und Offenbarunng.* Deutsch v. C.F. Werner. 7. Aufl. J.F. Steinkopf: Stuttgart, 1960.

Bruce, Fredrick F. *Zeitgeschichte des Neuen Testaments, Teil I: Von Babylon bis Golgatha, Teil II: Von Jerusalem bis Rom.* Deutsch v. G. Raabe. Theologische Verlagsgemeinschaft (TVG). R. Brockhaus: Wuppertal, 1986.

Epiktet. *Handbüchlein der Moral.* Griechisch/Deutsch. Übersetzt u. hg. v. K. Steinmann. Philipp Reclam jun.: Stuttgart, 2004.

Grünzweig, Fritz. *Der Brief an Jakobus.* Wuppertaler Studienbibel. Reihe Neues Testament. Hg. W. de Boor und A. Pohl. 4. Aufl. R. Brockhaus: Wuppertal, 1980.

Hauck, Friedrich. Der Brief des Jakobus. In: Hauck, Friedrich. *Die Katholischen Briefe.* Das Neue Testament Deutsch (NTD). Hg. P. Althaus u. J. Behm. Bd. 10, 3-33.

Hermann, Armin. *Einstein: Der Weltweise und sein Jahrhundert. Eine Biographie.* Ungekürzte Taschenbuchausgabe. Piper: München, 2004.

Josephus, Flavius. *Jüdische Altertümer.* Übersetzt u. mit einer Einleitung versehen v. H. Clementz. Bd. 1. 6. Aufl. Fourier: Wiesbaden, 1985.

Käsemann, Ernst. *Exegetische Versuche und Besinnungen: Auswahl.* Mit einem Geleitwort v. W. Schrage. Vandenhoeck & Ruprecht: Göttingen, 1986.

Kroll, Gerhard. *Auf den Spuren Jesu*. Katholisches Bibelwerk: Stuttgart, 1978.

Luz, Ulrich. *Matthew 1-7: A Continental Commentary*. Transl. by W.C. Linss. Fortress Press: Minneapolis, 1992.

Maier, Gerhard. *Der Brief des Jakobus*. Historisch Theologische Auslegung (HTA), Neues Testament. Hg. G. Maier, R. Riesner, H.W. Neudorfer et al. R. Brockhaus, Brunnen: Wuppertal, Giessen, 2004.

Maier, Gerhard. *Matthäus-Evangelium*. 1. Teil Hänssler: Neuhausen-Stuttgart, 1979.

Melanchthon, Philipp. Apologia der Konfession. Aus dem Latein verdeutscht durch Justus Jonas. Artikel IV: Wie man vor Gott fromm und gerecht wird. Antwort auf die Argumente der Widersacher. http://www.glaubensstimme.de/bekenntnisse/ bek008.html. Download 25. Oktober 2008.

Pannenberg, Wolfhart. *Ethik und Ekklesiologie: Gesammelte Aufsätze*. Vandenhoeck & Ruprecht: Göttingen, 1977.

Pascal, Blaise. *Gedanken: Eine Auswahl*. Übersetzt, hg. u. eingeleitet v. E. Wasmuth. Philipp Reclam jun.: Stuttgart, 1979.

Rengstorf, Karl Heinrich. „didasko". *ThWNT*, Bd. II, 138-168

Robinson, John A.T. *Wann entstand das Neue Testament?* Aus d. Engl. übertr. v. J. Madey. Bonifatius-Druckerei, R. Brockhaus: Paderborn, Wuppertal, 1986.

Rogers, Carl R. *Die klientenzentrierte Gesprächspsychotherapie*. Mit Beitr. v. E. Dorfmann et al. Aus d. Amerik. v. E. Nosbüsch. 14. Aufl. Fischer Taschenbuch: Frankfurt a.M., 2000.

Schlatter, Adolf. Der Brief des Jakobus. In: Schlatter, Adolf. *Die Briefe des Petrus, Judas, Jakobus, der Brief an die Hebräer: Ausgelegt für Bibelleser*. Erläuterungen zum Neuen Testament, Bd. 9. Calwer: Stuttgart, 1987.

Schneider, Gerhard. Art. „perisseia". *EWNT*, Bd. 3, 180.

Schneider, Johannes. Art. „oneidon, oneidizo, oneidismon". *ThWNT*, Bd. 5, 239.

Schneller, Ludwig. *Kennst du IHN? Jesusgeschichten, erzählt von einem Sohn des Heiligen Landes.* Bearb. v. O.S. v. Bibra, 4., überarb. u. gekürzte Aufl. Schriftenmissions-Verlag: Gladbeck, 1983.

Seneca, L. Annaeus. *Vom glückseligen Leben und andere Schriften.* Übers. n. L. Rumpel. Hg., Einführung u. Anm. P. Jaerisch. Philipp Reclam jun.: Stuttgart, 1996.

Stuhlmacher, Peter. *Biblische Theologie des Neuen Testaments,* Bd. 1: *Grundlegung: Von Jesus zu Paulus.* 2., durchges. Aufl. Vandenhoeck & Ruprecht: Göttingen, 1997.

Stuhlmacher, Peter. *Biblische Theologie des Neuen Testaments.* Bd. 2.: *Von der Paulusschule bis zur Johannesoffenbarung.* Vandenhoeck & Ruprecht: Göttingen, 1999.

Tenney, Merrill C. *Die Welt des Neuen Testaments.* Verlag der Francke-Buchhandlung: Marburg a.d.L., 1979.

Thurneysen, Eduard. *Der Brief des Jakobus, ausgelegt für die Gemeinde.* Friedrich Reinhardt: Basel, o.J.

Willberg, Hans-Arved. *Das ABC der positiven Lebenseinstellung: Endlich Schluss mit finsteren Gedanken!* Lebenshilfen aus dem Institut für Seelsorgeausbildung (ISA), Bd. 1. Neuausgabe der 1. Aufl. bei SCM R.Brockhaus, 2007. Books on Demand: Norderstedt, 2010.

Zahn, Theodor. *Das Evangelium des Matthäus.* Kommentar zum Neuen Testament. Hg. T. Zahn. Bd. 1. 2. Aufl. A. Deichert'sche Verlagsbuchhandlung Nachf. Georg Böhme: Leipzig, 1905.

Abkürzungen

EWNT   Balz, Horst, Schneider, Gerhard. *Exegetisches Wörter-buch zum Neuen Testament*. Bd. 1-3. W. Kohlhammer: Stuttgart, Berlin, Köln u.a., 1980-1983.

ThWNT   Kittel, Gerhard (Hg.). *Theologisches Wörterbuch zum Neuen Testament*, Bd. 1-10/2. Studienausgabe. Unve-ränd. Nachdruck. W. Kohlhammer: Stuttgart, Berlin, Köln, 1990 [1933-1979].